청년이여,
정당으로
쳐들어가라!

더 나은 세상을 위하여

+ 강준만 지음

'정치 사람' 외에 탐을 구는 없다

청년이여,
정당으로
쳐들어가라!

인물과
사상사

머리말
왜 12년 전 "정당으로 쳐들어가자!"는 실패했는가?

밤에 쓴 연애편지를 다음 날 아침에 읽는 것보다는 덜할 망정, 오래전에 쓴 글을 다시 읽는 것은 곤혹스러울 때가 많다. 나는 "청년이여, 정당으로 쳐들어가라!"라는 주장을 하기 위해 12년 전으로 돌아가지 않을 수 없다. 2003년 1월에 출간된 『인물과 사상 25』의 '머리말'에서 나는 이미 "정당으로 쳐들어가자!"고 주장했기 때문이다.

지난 12년간의 변화 때문인가? "정당으로 쳐들어가자!"는 "청년이여, 정당으로 쳐들어가라!"로 바뀌었다. 이제 내 나이 60이다. 요즘 나이 60은 '신중년'이라 하지만, 청년에 비해 훨씬 늙은 건 분명하다. 쳐들어가는 일에 동참한다 해도 앞에 설 수 있는 건 아니다. 아니 그래야만 한다. 청년이 전위이자 주체가 되어야 한다고 보기 때문이다. 그래서 "쳐들어가자!"가 "쳐들어가라!"로 바

꿰었다.

　형식은 명령형처럼 보이기도 하지만 어디까지나 권유일 뿐이다. 내가 명령을 한다고 들을 리도 없잖은가. 아니 권유인들 무시당하거나 조롱당하기 십상이다. 요즘 흔히 하는 말로 '꼰대질'이나 '선비질'을 할 생각은 눈곱만큼도 없다. 청년들 스스로 판단할 일이지만, 경험이 백해무익百害無益한 게 아니라면 이 문제에 대해 생각을 비교적 많이 했던 사람으로서 그들의 진격 또는 습격에 조금이나마 도움이 될 수 있는 말을 내가 할 수도 있다고 생각할 뿐이다.

　12년 전 "정당으로 쳐들어가자!"고 했던 내 주장은 실패로 돌아갔다. 정당으로 쳐들어간 사람들이 너무 적었기에 실패로 돌아갔다기보다는 많은 사람이 정당으로 쳐들어간 이유에서 문제가 생겼다. '이슈'가 아닌 '인물' 중심의 동기가 문제였다. 속된 말로 이른바 '빠'의 문제였다.

연예인을 맹목적으로 좋아하는 집단을 '오빠부대'
라 부른 데서 유래한 '빠'는 특정 정치인이나 정치세력에
대해 맹목적이고 절대적인 지지를 보내는 사람들을 비하
해서 부르는 말이지만, 여기선 널리 알려진 말이라 이해
하기 쉽게 쓰는 것일 뿐 비하의 뜻은 없다. '빠순이 함부
로 발로 차지 마라. 너는 누구에게 한 번이라도 찐득한
사람이었느냐'는 말도 있듯이,[1] 어찌 감히 비하를 할 수
있겠는가.

사람들마다 '빠'에 대한 정의나 이미지가 다를 것이
기에, 여기서 내 나름의 정의를 확실하게 내리고 넘어가
는 게 좋겠다. 나는 특정 정치인이나 정치세력을 열성적
으로 지지하는 모든 사람을 빠라고 부르는 건 아니다. 정
치적 지지 행위를 종교화하면서 다른 생각을 가진 사람
들과의 소통을 불가능하게 만들 정도로 배타적이고 폭력
적인 표현 행위를 하는 사람들과 이런 사람들의 언행을
지지하는 사람들을 빠라고 부른다는 것을 이해해주시기

바란다.

　나는 앞서 '이슈'가 아닌 '인물' 중심의 동기가 문제라고 했는데, 이에 대해 이런 반론이 가능할 것 같다. 이슈와 인물을 확연하게 구분할 수 있는 건 아니라는 반론 말이다. 동의한다. 이론적으론 '이슈의 의인화擬人化'도 얼마든지 가능하기에 자신이 소중하게 생각하는 이슈를 잘 구현해줄 특정 정치인이나 정치세력을 열성적으로 지지할 수 있다.

　문제는 '이슈'와 '인물'이 충돌했을 때에 생겨난다. 나는 특정 정치인이나 정치세력을 지지하더라도 특정 이슈에 대한 생각이 다르면 지지를 철회할 뿐만 아니라 비판도 하는 이른바 '비판적 지지'가 바람직하다고 생각하며, 이런 자세가 한국 정치의 정상화를 위한 필수 조건이라고 믿는다. 즉, 맹목적·절대적 지지는 연예인 팬클럽에 국한되어야 한다는 것이다.

　나는 그간 특정 정치인을 공개적·노골적으로 지지

하는 책들을 내기도 했지만, 어떤 주요 이슈에 대한 생각이 다를 때엔 비판으로 돌아섰다. 그런데 내가 보기엔 너무도 당연한 이런 태도를 '배신'이나 '변절'로 보는 사람이 너무 많았다. 재미있는 건 그런 사람들이 반대편에 대해선 전혀 다른 자세를 취한다는 점이다. 그들 가운데 대통령 박근혜가 '배신자' 유승민을 겨냥해 "국민이 배신의 정치를 선거에서 심판해달라"는 말을 했을 때, 공감한 사람이 얼마나 있었을까?

　한국에선 배신도 서열순이다. 지도자가 배신을 해서 지지자가 돌아서도 배신은 지지자의 몫으로 돌아간다. 지도자는 무슨 일을 해도 되는 특권이 있는 반면, 지지자는 맹목적 추종 이외에 다른 선택은 없다. 그러면서도 당파성은 강해서 우리 편 내부의 '배신'은 안 되지만 반대편 내부의 '배신'은 아름답다고 생각한다. 이런 이중 기준은 곤란하다. 배신의 기준은 국민이어야 한다는 기본 원칙을 확실히 해두자.

이런 이상한 추종주의 문화를 잘 보여주는 게 바로 새누리당 내부에 난무하는 '박 타령'이다. 박근혜에 대한 지지를 기준으로 처음엔 '친박'과 '비박'이 나오더니, 이젠 '원박(원조 친박), 종박(추종하는 친박), 홀박(홀대받은 친박), 멀박(멀어진 친박), 짤박(짤린 친박), 탈박(탈출한 친박)' 등으로 분화되었다.[2] 코미디라고 하기엔 너무 슬픈 이야기다.

나는 청년들이 정당으로 쳐들어가야 한다고 주장하지만, 누군가의 빠가 되기 위해 정당으로 쳐들어간다면 그건 단호히 반대하련다. 그건 참여하지 않는 것보다 훨씬 더 나쁜 결과를 초래할 수 있다는 게 내 생각이다. 계파 간 싸움의 행동대원으로 전락해 정치판을 온통 이전투구泥田鬪狗의 아수라장으로 만들고 대중의 정치혐오를 극에 이르도록 만들 게 뻔하기 때문이다.

하지만 '빠질'이라고 하는 매력적이거나 마력적인 유인 없이 누가 정당으로 쳐들어가겠는가? 맞다. 그래서 그간 이 문제에 대해선 개탄만 할 뿐 침묵해온 것인데, 이제 전혀 새로운 상황이 전개되고 있다. 본문에서 자세히 다룰 '권력 감정의 향유'나 '공허함의 해소'는 보통 사람들이 '빠'로 변신해 정치에 참여하는 매우 강력한 유인이지만, 그것보다 훨씬 더 강력할 수 있는 동기가 나타났다. 그건 바로 국가·사회 존립의 이슈로까지 부각된, 청년 실업과 정규직-비정규직 차별이라고 하는 기본적인 '생존'과 '존엄'의 문제다.

기성 정치권에 등을 돌리거나 그들에게 침을 뱉음으로써 이 문제를 해결할 수 있을까? 어림도 없는 일이다! 불가능하다! 거의 모든 청년이 우선 자신부터 살고 봐야 한다는 생각으로 각자도생各圖生하는 길을 택했다. 그러나 그것 역시 대안이 아니다. 확률적으로 대안이 아니다. '나는 예외'일 것이라는 믿음은 곧 부서지게 되어 있으며, 이미 부서지고 있다.

나는 정의당 당대표 선거에 출마해 새로운 바람을

불러일으킨 조성주의 출현도 그런 관점에서 이해한다. 조성주가 2015년 6월 15일 정의당 누리집에 게시한 '(당대표) 출마의 변'은 화제가 되었다. 내가 가장 주목했던 발언은 "정의당은 박근혜 대통령과 싸우는 정당이 아닙니다. 정의당은 새누리당이나 새정치민주연합과 싸우는 정당이 아닙니다"라는 것이었다. 누가 이렇게 쉬운 말로 진보정당의 문제를 정확하게 지적한 적이 있었단 말인가. 이어지는 그의 말은 그간 우리가 믿어온 '진보'의 개념에 대한 성찰을 요구한다.

"그것은 결코 우리 정당의 본질적 목표가 될 수 없습니다. 정의당은 미래와 싸워야 합니다. 오늘의 이 폭력적이고 불평등한 체제가 강요하는 미래를 바꾸는 것이야말로 우리의 목표입니다. 새로운 시선으로 다른 미래를 개척합시다."[3]

별 알맹이 없는, 정치적 수사修辭가 아니냐고 생각할 수도 있겠지만, 결코 그렇지 않다. 이에 대해선, 그리고 조성주와 그의 활동 무대였던 청년유니온에 대해선 본문에서 자세히 다루겠지만, 이 책은 그들의 생각과 활동에 전폭적 지지를 보내면서 그들의 활동 방식이 새로운 정치의 가능성과 더불어 청년들이 정당으로 쳐들어갈 수 있는 방법론을 제시했다는 점에 주목한다.

나는 지금 당장 쳐들어가자고 선동하지 않는다. 오히려 그런 성급함과 한 방에 모든 걸 해결하려는 한탕주의가 진보를 죽여온 주범이었다는 점을 지적하면서 서서히, 천천히, 올바른 방향부터 잡자는 '느림의 이점'을 역설할 것이다. 이 작은 책이 청년들의 고통을 외면하고 있는 정치를 바꾸는 데에 조금이라도 기여할 수 있으리라 믿고 싶다.

2015년 9월

강준만

제3장
"청년은 진보와의 결별도
불사해야 한다"

제4장
"우리는 한꺼번에
되찾으리라"라는 '한탕주의'

제5장

왜 『개천에서 용 나면 안 된다』는 '불온서적'이 되었는가?

제6장

'밥상머리' 세뇌 교육과 '박원순 모델'을 넘어서자

제 1 장

정치에 침을
퉤퉤 뱉어놓고
독식하려는 사람들

김난도와 혜민은 '멘토 사기꾼들'인가?

"또 하루 멀어져간다 내뿜은 담배 연기처럼/작기만 한 내 기억 속에/무얼 채워 살고 있는지/점점 더 멀어져간다 머물러 있는 청춘인 줄 알았는데/비어 가는 내 가슴속엔 더 아무것도 찾을 수 없네/……/매일 이별하며 살고 있구나."

가수 김광석(1964~1996)이 1994년에 발표한 〈서른 즈음에〉의 가사다. 겨우 서른 즈음에 멀어져가는 청춘을 한탄하다니, 해도 너무했다. 마흔 즈음, 쉰 즈음, 아니 예순 즈음을 넘어선 사람들은 어떻게 살라고?

〈서른 즈음에〉가 나오기 65년 전, 한국은 일제의 식민통치하에 있었다. 당시의 청춘은 어떠했을까? 민태원(1894~1935)은 1929년 6월호 『별건곤』에 발표한 「청춘예찬」이란 글에서 청춘을 이렇게 예찬했다. "청춘靑春! 이는 듣기만 하여도 가슴이 설레는 말이다. 청춘! 너의

두 손을 가슴에 대고, 물방아 같은 심장의 고동鼓動을 들어보라. 청춘의 피는 끓는다. 끓는 피에 뛰노는 심장은 거선巨船의 기관汽罐과 같이 힘 있다. 이것이다. 인류의 역사를 꾸며 내려온 동력은 바로 이것이다."

오늘날의 청년들에겐 과장이 지나치다는 생각이 들기도 하겠지만, 나라를 빼앗긴 지 20년째 되는 해에 35세의 혈기 넘치는 식민지 지식인이 청춘을 예찬하지 않고서 어찌 그 참담한 세월을 견뎌낼 수 있었으랴. 나라를 빼앗긴 채 좌절과 패배감에 찌든 기성세대에 무엇을 기대할 수 있었으랴.

「청춘 예찬」과 〈서른 즈음에〉는 전혀 다른 성격의 메시지 같지만, 청춘을 소중히 여긴다는 점에선 같다. 65년간의 세월 격차를 두고서도 청춘은 그 사라짐을 아쉬워하거나 그 존재에서 희망을 찾는 그런 것이었다. 그러나 〈서른 즈음에〉에서 13년이 지난 2007년 청춘은 더는 희망이나 꿈과 관련이 있는 단어가 아니었다. 그해에 나온 우석훈 · 박권일의 『88만원 세대』는 청춘의 암울한 미래를 그렸다. 3년 후인 2010년 김난도의 『아프니까 청춘이다』는 300만 부 이상이 팔릴 정도로 독자들의 열렬한 환호를 받으면서 사회적 현상이 되었다.

갈수록 상황은 악화되고 있다. 시절이 각박하지 않으면 좋은 덕담으로 들을 수 있는 말도 핏발 선 눈동자들이 많아지면 욕이 되나 보다. 2015년 김규항은 『경향신문』 칼럼에서 김난도·혜민 등을 비롯한 힐링 멘토들을 '멘토 사기꾼들'로 부르면서 "파렴치함을 넘어 사악하다"라고 비난했다. "그들이 부도덕한 사기행각으로 치부한 걸 넘어 청년들에게 자신이 처한 현실을 직시하지 못하도록 했기 때문이다. 그들은 의도했든 안 했든 체제의 충직한 주구 노릇을 해왔고 그들의 영예와 안락은 그 대가였던 셈이다."[1]

청춘을 대상으로 힐링 좀 했다고 이렇게까지 거친 욕을 먹어야 하나? 김규항의 의분義憤과 진정성엔 경의를 표하지만, 그의 칼럼 슬로건처럼 '혁명은 안단테로' 하는 게 좋지 않을까? 관용과 배려를 포기하지 않는 비판도 얼마든지 가능하지 않겠느냐는 것이다. 그런데 김규항뿐만이 아니다. 이젠 『아프니까 청춘이다』에 대해 비판적인 글이 어찌나 많이 쏟아져 나오는지 그걸 일일이 세기조차 힘들 정도다. 왜 이런 일이 벌어지는 걸까? 엄기호는 "꿈은 자본주의가 청춘에 깔아 놓은 가장 잔인한 덫이다"라고 말한다.[2] 한때 좋은 덕담이었던 "꿈을 가져라"

라는 말이 이젠 노골적인 냉소나 비판의 대상이 되고 있는 것이다.

지난 몇 년간 극도로 악화되었고 앞으로 더욱 악화될 것으로 전망되는 취업난은 꿈을 기만과 모욕의 단어로 전락시키고 있다. 갤럽의 2013 세계경제 조사보고서는 "3차 대전은 일자리 전쟁이 될 것이다"라고 했다. 아니 이미 '일자리 전쟁'이 벌어지고 있으며 앞으로 더욱 악화되리라는 음울한 전망들이 국내외를 막론하고 나오고 있다.[3]

특히 한국에선 '삼포(연애·결혼·출산 포기) 세대'에 이어 최근에는 '사포(삼포+취업 준비로 인한 인간관계 포기) 세대', '오포(사포+내 집 마련 포기) 세대'라는 말까지 유행할 정도로 청년들의 삶은 어려워지고 있다.[4] 2015년 2월 취업포털사이트 '사람인'이 2030세대 2,880명을 대상으로 "연애, 결혼, 출산, 대인관계, 내 집 마련 중 포기한 것이 있는가"라고 물었더니, 1,660명(57.6퍼센트)이 '있다'는 답을 한 것으로 나타났다.[5]

수많은 잉여가 아귀다툼을 하는 '잉여사회'

독일 철학자 페터 비에리Peter Bieri는『삶의 격: 존엄성을 지키며 살아가는 방법』(2013)에서 "일 없이는 존엄도 없다!"라며 일은 존엄의 문제라고 역설한다. "노동은 물질적 자립이라는 면에서 인간의 존엄성을 보장해준다. 그런 의미에서 그 어떤 노동이라도 노동하지 않는 것보다는 낫다.……그러나 일을 하려고 하는 사람에게 중요한 것은 자립의 여부 말고도 또 있다. 자신의 능력에 자부심을 느낄 수 있는 경험을 하느냐 하는 것 또한 중요하다. 능력을 통해 자신이 무언가 '가치' 있다고 느낄 수 있어야 한다."[6]

지당한 말씀이지만, 한국의 청년들, 특히 500만 알바족에겐 꿈같은 이야기다. 자립조차 어려우니 자부심이 나올 리 만무하다. 따라서 존엄은 그림의 떡이다. 물론 처음부터 늘 그랬던 건 아니다. 희망이 있던 시절도 있었다. 불과 몇 년 전까지만 해도 청춘에게 미칠 것을 요구하거나 권하는 책이 많이 쏟아져 나와도 모두들 진지했다.

『컴퓨터 의사 안철수 네 꿈에 미쳐라』,『스무살 청춘

A+보다 꿈에 미쳐라』, 『1년만 미쳐라』, 『대한민국 20대
재테크에 미쳐라』, 『서른살 꿈에 미쳐라』, 『30대, 다시 공
부에 미쳐라』, 『차가운 열정으로 우아하게 미쳐라』, 『20대,
자기계발에 미쳐라』, 『어려울수록 기본에 미쳐라』, 『부
자가 되려면 채권에 미쳐라』.[7]

이렇듯 미치라고 외치던 때가 있었지만, 아무리 미
쳐도 안 되더라는 걸 깨닫는 데엔 오랜 시간이 걸리지 않
았다. 그 어떤 미침으로도 이른바 '잉여사회'라는 구조
를 뛰어넘을 순 없다는 것이 분명해진 것이다. 『잉여사
회』의 저자 최태섭은 잉여사회를 "수많은 잉여가 아귀다
툼을 하고, 그중 몇몇이 이기지만 결국 착취당할 기회를
갖게 되는 종류의 사회"라고 정의한다. "우리 시대의 잉
여는 풍요가 아니라 양극화로 대변되는 격차와 집중의
산물이고, 무너지고 있는 중간층의 잔해 속에서 태어난
것이며, 좌절한 이상주의자이기는커녕 이상이라는 것이
사라진 시대에 나타난 것이다."[8]

그런 잔해와 폐허 위에서 자립의 가능성을 박탈하면
서 자부심을 느끼라고 윽박지르는 이상한 마케팅이 사회
전 분야에 걸쳐 기승을 부리고 있다. '미쳐라'는 말은 좀
사라졌을망정, 자부심은 '열정'이란 말로 대체되어 "당

신의 열정을 보여달라"거나 "좀더 열정을 가지고 일해라"라는 주문이 난무한다. 한 텔레비전 광고는 "당신이 머리가 아픈 건 열정적이기 때문"이라고 말한다. 따라서 "이제 열정을 갖지는 않는 당신은 죄인"이 된다. 이런 현실을 고발하는 『열정은 어떻게 노동이 되는가: 한국 사회를 움직이는 새로운 명령』(2011)의 저자들은 "열정은 어느덧 착취의 언어가 되었다"라고 단언한다.

"열정은 제도화되었다. 오늘날 면접관들은 열정을 '측정'한다. 하지만 대체 어떻게 그렇게 할 수 있는가? 답변은 간단하다. '악조건들을 얼마나 버텨내는지' 확인하면 된다는 것이다. 그래서 면접관들에게는 우리를 모욕할 권리가 주어진다."[9]

그래서 청춘들은 '모욕 스터디'를 한다. 대학생들은 취업 준비의 일환으로 면접관의 압박 면접에 대비하면서 "외모 때문에 고생 좀 하겠어요", "그 나이가 되도록 뭐 했어요" 등 가상의 인신공격을 주고받으면서 모욕에 대한 저항력을 키운다.[10]

"어떻게 정치를 사랑하지 않을 수 있을까"

자, 우리는 지금 이런 세상에 살고 있다. 어찌할 것인가? 이런 문제들을 해결하라고 정치가 있는 게 아닌가? 도대체 정치는 무엇을 하고 있는가? 2015년 7월 『한겨레』에 실린, 이진순이 새정치민주연합 혁신위원회 대변인 임미애를 인터뷰한 기사가 정치의 현주소를 드라마틱하게 말해주고 있다.

"50대 아줌마 둘이, 처음 만난 자리에서 울었다. 그것도 여의도 한복판에서 정치 얘기를 하다가……휴지를 찾아서 코를 풀며 멋쩍은 웃음으로 분위기를 수습했지만 안타까움과 서러움과 분노가 치받쳐 자꾸 목이 메어왔다. 요즘 정치는 눈물이 날 만큼 비통하다."[11]

맞다. 울어야 마땅하다. 정의당 당대표 선거에 출마했던 조성주는 낙선 인사에서 "진보정치는 세상의 끝에 서 있는 사람들에게 희망이고 위로여야 한다"라며 "어떻게 정치를 사랑하지 않을 수 있을까"라는 말로 그 마땅함을 역설했다.[12]

그러나 우리는 울지도 않거니와 정치를 사랑하지도 않는다. 이젠 정치에 대해 분노하는 사람조차 드물다. 아예 고개를 돌려버린다. 왜 이렇게 되었을까? 우선 '학습된 무력감learned helplessness' 때문이라는 설명이 가능하겠지만,[13] 그 무력감의 근원 중 하나는 정치에 대한 우리의 당위적 접근에 있는 건 아닌가 하는 생각을 해봄직하다.

정치란 무엇인가? 우리는 무엇이어야 한다는 정의를 먼저 생각하는 경향이 있다. 그런데 그 정의는 현실과 들어맞지도 않거니와 영원히 들어맞을 수도 없게 되어 있다. 최선의 정의를 내리고 나서 정치를 보기 시작하면 정치에 대한 좌절과 환멸은 불가피하다. 반면 최악의 정의를 내려놓고 정치를 보면 정치인들에 대해 한결 너그러워질 뿐만 아니라 정치 개혁은 '머리싸움'이며 그래야만 한다는 생각을 갖게 된다.

'우리가 원하는 정치'가 아니라 '있는 그대로의 정치'를 놓고 보자면, 정치는 행정과 더불어 '사익私益을 추구하는 비즈니스'에 불과하다. 이른바 '공공 선택 이론public choice theory'의 논지이지만, 이 이론의 이념성을 따질 필요는 없다. 보통 사람들이 그냥 술자리에서 거칠게 내뱉을 법한 "세상은 다 도둑놈 천지"라는 말을 점잖게 이론화한 것이 바로 공공 선택 이론이라고 해도 좋겠다.[14]

정치인들은 어떤 이념과 노선을 표방하건 우선적으

로 자기 이익을 위해 일한다. 물론 그렇지 않은 정치인들도 있을 것이다. 하지만 공천에서 탈락하거나 선거에서 패배하면 남의 이익을 위해 일할 기회도 사라지니 그런 이타적 행위를 위해서라도 자신의 승리와 이익에 목숨을 걸어야 한다. 이 점에선 이타적 정치인도 이기적 정치인과 다를 게 없다.

우리는 정치혐오가 나쁘거나 바람직하지 않은 것처럼 이야기하지만, 정치인들에겐 매우 좋은 것이다. 정치혐오 덕분에 유력한 경쟁자의 수가 크게 줄어들기 때문이다. 사회 각 분야에서 크게 성공한 사람들에게 "정치는 절대 하지 마!"라는 말이 애정 어린 덕담으로 건네지는 우리의 현실을 생각하면 정치혐오는 정치인들의 기득권을 보호해주는 철벽이라고 해도 무방할 정도다.

그래서 정치인들은 늘 명백한 의도를 갖고 그러는 건 아닐망정 정치혐오를 증폭시키기 위해 애를 쓴다. 과거 국회에서 몸싸움이라든가 지금도 심심하면 터지는 '막말 파동'을 수반한 정치인들 사이의 이전투구泥田鬪狗와 계파 이익을 위한 권모술수權謀術數 등은 대중의 정치혐오를 키움으로써 그들의 기득권을 보호해준다. 과거 과자가 귀하던 시절 어린애들이 과자에 침을 퉤퉤 뱉어놓음으로써 자기 소유권임을 분명히 해놓는 것과 비슷한 이치다.

임미애 인터뷰 기사에서 잘 지적되었듯이, 새정치민주연합은 '온라인 입당'과 '전자 서명'도 허용하지 않거니와 매우 복잡한 결재 라인을 유지하는 등 "여전히 고색창연한 구텐베르크 인쇄기 시대의 유물로 남아 있다". 서울과학기술대학교 교수 고원은 새정치민주연합이 "탈권위, 소통, 참여라는 청년세대의 가치를 지향하면서도 정작 정치적 동력으로 유인하지는 않는다"라고 했다.[15]

왜 그럴까? 원기왕성하고 유능한 젊은 유권자들이 대거 입당해 잠재적 경쟁자들이 크게 늘어나는 걸 두려워하는 정치인들의 의식 또는 무의식의 발로가 아닐까? 실제로 기존 정치인들의 '사다리 걷어차기'는 악명이 높다. 부산대학교 정치학과 교수 김용철은 "정치인들이 경쟁 상대를 견제하기 위해 지방자치단체장 선거에서 공천을 줄 때도 가장 능력이 떨어지는 사람에게 주는 경우도 있다"라고 말한다.[16]

사정이 그와 같다면, 정당 개혁은 정당의 문을 활짝 열어젖히는 시스템 개조를 통해 내부 '시장기능'이 작동할 수 있도록 하는 게 가장 좋지 않을까? 기성 정치권의

무관심과 무능으로 생존의 벼랑 끝에 내몰린 청년들이 대거 정당에 쳐들어가 정치를 원 없이 사랑할 수 있게 하기 위해서 말이다.

'성찰 없는 괴물이 되어버린 진보'

그러나 앞서 '머리말'에서 지적했듯이, 누군가의 빠가 되기 위해 정당으로 쳐들어간다면 그건 참여하지 않는 것보다 훨씬 더 나쁜 결과를 초래할 수 있다. 『경향신문』 기자 강병한이 잘 지적했듯이, "'누구누구빠'들은 이제 자신들이 지지·응원하는 정치인에게도 독이다. 그들이 정치담론을 지나치게 오염시켜놓았다".[17]

　지난 2007년 10월 참여사회연구소가 주최한 '2007년 대선과 한국 정치의 새로운 선택' 토론회에서 한양대학교 교수 정상호는 이른바 '빠의 정치'와 '싸가지 정치'를 극복해야 할 주요 과제로 지적했는데,[18] 아닌 게 아니라 '빠의 정치'로 인한 문제, 정말 심각하다. 정치를 종교로 만들어버리기 때문이다. 소통이 될 리 만무하다.

　빠는 정치를 '옳고 그름'의 문제로 접근하는 경향이 매우 강한데, 이건 정치도 아니고 민주주의도 아니다. 나는 옳고 너는 옳지 않은 게 되니, 어떻게 대화와 토론이 가능하겠는가 말이다. 나의 옳음을 확신하더라도 상대를 인정한다면 나의 생각이 '좀더 나은 것'이라거나 '좀더 바람직한 것'이라고 말해야 한다. 그래야 합리적인 반론도 가능해진다.[19]

내 주변을 보면, 바라는 세상에 대한 그림이 거의 같은 사람들이 있다. 대학입시, 빈부격차, 재벌문제, 지방문제, 남북문제 등 중요한 사회 이슈에 대해서 90퍼센트 이상 생각이 같다. 그런데 정치에 대해선 대화가 안 된다. 안 되는 정도가 아니라 아예 대화 자체를 피해버린다. 왜? 어떻게 저렇게 판단하고 저렇게 생각할 수 있는지 피차 짜증나고 화가 치밀기 때문이다.

정치는 이 사회를 좋은 방향으로 바꿔보자는 것이고, 생각이 같은 사람들이 정당 등의 단체를 통해 그 방향으로 가자는 것인데, 어찌하여 세상 보는 생각이 같고 목표도 같고 이슈에 대한 관점도 같은데 현실 정치에 대한 생각은 대화가 불가능할 정도로 달라지는 것일까? 그게 바로 '정치의 의인화擬人化' 때문이다. 내가 바라는 세상은 결국 사람을 통해서 바꾸는 것이니, 결국 나의 열망과 비전을 어떤 사람에게 바치는 것이 정치 참여의 전부가 된다. 이는 한국인 특유의 '관계의 윤리'로 인해 정치를 연예인 팬클럽의 활동 수준으로 전락시킨다.

한국인의 유전자라 해도 좋을 그런 '관계의 윤리'를 심도 있게 지적한 이는 미국 정치학자 찰스 프레드 앨퍼드Charles Fred Alford다. 그는 수백 명의 한국인과 인터뷰를 하는 등 심층적인 연구를 통해 한국인들은 선악善惡마저 관계의 관점에서 이해할 정도로 관계에 집착한다는 결론을 내렸다. "한국적 관점에서 본다면 악은 관계에 의해 정의되는 게 아니라 관계 자체이며, 혹은 관계의 배반이다."[20]

한국 정치에서 '인물 중심주의'는 악惡을 주로 관계의 관점에서만 이해하는 한국인의 상대주의로 인해 더욱 강화된다. 즉, 누가 더 나쁜가 하는 상대적 기준에 의해 평가를 내리기 때문에 자신이 지지하는 인물의 그 어떤 중대한 결함이나 애초의 약속과 다른 문제가 나타난다 해도 지지엔 아무런 영향을 미칠 수 없다는 뜻이다.

언론의 정치 보도와 논평 역시 그런 '관계의 윤리'에 집착하는 경향이 있다. 이에 대해 정치평론가 이철희는 이렇게 말한다. "우리 언론의 문제점 중 하나는 호오好惡에 따라 평가의 잣대가 달라진다는 점이다. 좋아하면 약

점도 덮어주고, 실수도 눈감아준다. 싫어하면 없는 단점
도 들추어내고, 잘한 것도 폄훼한다.……자의적, 부당한
잣대를 휘두르는 언론은 민주주의에 해악이다."[21]

그런데 그런 해악질이 장사를 하는 데엔 더 유리하
다는 게 진짜 문제다. "우리의 마음에 풍파를 일으키지
마라. 그저 우리가 믿고 있는 바들을 더 많이 보여달라.
그러면 우리는 그 견해를 읽으며 계속해서 만족감을 느
낄 수 있으리라. 우리를 결집시킬 내용을 달라. 우리가
환호할 수 있는 사람을 달라!" 비키 쿤켈Vicki Kunkel이 『본
능의 경제학: 본능 속에 숨겨진 인간행동과 경제학의 비
밀Instant Appeal: The 8 Primal Factors That Create Blockbuster Success』
(2008)에서 내린 분석이다.

"우리는 입으로는 편향적인 보도를 싫어한다고 말
하지만 실제 행동은 말과 다르다. 그 증거가 바로 시청률
이다. 편향성을 편안하게 받아들이는 우리의 본능적 성
향은 많은 블로그와 웹사이트들이 성공한 비결이기도 하
다. 비슷한 견해를 지닌 사람들은 비슷한 견해를 가진 다
른 사람들이 작성한 글을 보고 싶어 한다.……편향성은
이익이 되는 장사다."[22]

빠는 그런 편향성을 극단화시킨 사람들일 뿐, 우리

모두의 내면엔 크고 작은 빠들이 존재한다고 보는 게 옳을 것이다. 문제는 빠들의 집단 형성이다. 그 집단 내부에서 인정을 받는 것이 중요해지면서 빠들끼리 선명성 경쟁을 벌이고, 이는 다른 집단에 대한 배타적이고 폭력적인 성향의 표현으로 이어지기 때문이다.

이와 관련, 시사평론가 유창선은 「성찰 없는 괴물이 되어버린 진보」라는 칼럼에서 "인터넷방송과 팟캐스트에서는 특정 계파나 정치인의 편에 서 있는 증오와 저주의 언어들이 쏟아지고 있고, 그 우물 안에 모인 마니아들은 열광하곤 한다. 그들의 '님'에 대한 비판의 글이라도 쓰려면 융단폭격을 각오해야 한다. 이 같은 광경 그 어디에도 인간의 고통을 끊어내기 위해 밑알이 되는 진보의 숭고함이나 품격 같은 것은 찾아볼 수 없다"라며 다음과 같이 개탄한다.

"진보의 숭고한 가치가 자리하고 있어야 할 머릿속에는 자신이 지지하는 정치인에 대한 완고한 집착만이 가득 차 있다. 넓은 세상의 사람들은 고개를 가로저으며 그들의 곁을 떠나간다. 다른 사람들과는 소통하지도, 정서를 공유하지도 못한 채 자신들의 세계에 갇혀 지내는 '진보의 자폐증'이다. 일부의 문제일 뿐이라고 치부할 일이 아니다. 그런 유사 진보가 판을 쳐도 그 누구도 이를 질책하려 들지 않는 진영 내의 비겁한 침묵은 진보 내부의 자정 능력이 작동되지 못하고 있음을 고백하고 있다. 그러는 사이 세상 사람들은 그 거친 모습이 진보인 줄로 믿어가고 있다."[23]

정치적 '빠'들의 열정적 증오가 진보를 죽인다

'비겁한 침묵'이 대세가 된 이면엔 그 침묵을 깨는 데에 치러야 할 개인적인 비용이 너무 크기 때문이다. 모처럼 좋은 말을 했다간 '증오와 저주의 융단폭격'이 날아드니 누가 입을 열겠는가. 그럼에도 그런 융단폭격에 굴하지 않고 할 말을 하는 이도 드물게나마 있으니 불행 중 다행이다. 이철희는 새정치민주연합에선 "미국의 티파티Tea party처럼 조직화된 당원들이 혁신을 주도하는 길도 난망하다"라며 다음과 같이 말한다.

"이 당의 가장 활동적인 시끄러운 그룹은 인터넷과 SNS에서 활동하는 일부 누리꾼들이다. 그런데 이들은 싸가지 없음, 즉 '무싸' 정신만 북돋울 뿐 당의 건강한 활력을 제고하는 쪽으로 기능하지 못하고 있다. 심하게 말하면 이들은 천박한 진보, 막말로 존재감을 드러내는 깡통진보를 육성하고 있다. 요컨대 이들은 당의 역량을 키우기보다 약화시키고 있고, 대립과 분열을 조장하는 티어파티Tear party다."[24]

그런데 해본 사람은 잘 알겠지만, 빠질은 마약중독과 비슷한 중독 효과가 있어서 끊기가 쉽지 않다. 그뿐만 아니라 이성으로 알아들을 수 있는 이야길 해도 종교적 광신으로 대하기 때문에 성찰 불능이다. 빠질이 마약이라면, 그 어떤 쾌락을 가져다준단 말인가? 빠가 됨으로써 얻을 수 있는 최고의 기쁨이자 보상은 이른바 '권력 감정'의 향유다.

막스 베버Max Weber, 1864~1920는 권력 감정을 "사람들에게 영향력을 갖고 있다는 의식, 사람들을 지배하는 권력에 참여하고 있다는 의식, 역사적으로 중요한 사건의 신경의 줄 하나를 손에 쥐고 있다는 감정"이라고 정의하면서, 형식상으로는 보잘것없는 지위에 있는 경우에도 일상생활을 초극超克하게 할 수 있는 힘이 바로 권력 감정에서 나온다고 말한 바 있다.[25]

빠에도 여러 종류가 있겠지만, 열정적인 증오의 발산을 주업으로 삼는 빠도 많다. 이들은 왜 그러는 걸까?

미국의 사회운동가이자 작가인 에릭 호퍼Eric Hoffer, 1902~1983는 『맹신자들The True Believer: Thoughts on the Nature of Mass Movement』(1951)에서 "열정적인 증오는 공허한 삶에 의미와 목적을 줄 수 있다"라고 말한다.[26]

소속감과 동지애를 구하기 위해, 또는 단순히 삶의 따분함에서 벗어나기 위해 정치적 광신도가 되는 사람도 많다. 그것이 현실 세계의 집단이건 사이버 세계의 집단이건, 열정적 증오의 발산은 자신이 소속된 집단에서 인정 욕구를 충족시키는 주요 수단이 된다.[27] 이는 특정 정치적 신념이나 노선을 내세워 생각이 다른 사람들을 증오하면서 욕설과 악플로 공격하는 빠들의 의식과 행태를 잘 설명해준다.

이는 빠에 대한 부당한 비난일 수 있다. 그들의 내부 공동체는 매우 아름다운 모습을 보이기도 하기 때문이다. 문제는 늘 공동체 밖을 대하는 태도다. 1998년 노벨 경제학상을 수상한 인도 출신의 영국 경제학자 아마르티아 센Amartya Sen은 『정체성과 폭력: 운명이라는 환영 Identity and Violence: The Illusion of Destiny』(2006)에서 "동일한 사회 공동체에서 다른 사람과 정체성을 공유하는 것이 모두의 삶을 얼마나 더 좋게 만들 수 있는지는 충분히 분명하게 드러난다"라며, "그러나 정체성 의식이 타인을 따뜻하게 포용하는 것과 마찬가지로, 그만큼 많은 사람을 단호히 배제할 수도 있다는 추가적인 인식이 보완되어야 한다"라고 말한다.[28]

물론 그건 매우 기대하기 어려운 일이다. 빠들은 많은 사람을 단호히 배제하는 것에서 기쁨과 보람, 도덕적 우월감과 선민의식까지 누리기 때문이다. 이런 빠들은 진보와 보수에 걸쳐 광범위하게 존재하는데, 더욱 문제가 되는 것은 진보 진영의 빠들이다. 더 나쁘다는 뜻이 아니라, 세상을 바꿔보자는 목표를 내건 진보 쪽이 더 아쉽지 않겠느냐는 의미에서다.

'내부 비판'을 '부역질'로 보는 '네거티브 만능론'

우리 편과 반대편을 이분법으로 나누는 '관계의 윤리' 체제하에서는 이런 '내부 비판' 자체가 용납할 수 없는 '부역질'이 된다. 이런 글을 쓸 시간이 있으면 반대편의 죄악을 비판하는 데에 전념해야 한다는 이야기다. 상대편을 비판하면 유권자들의 지지는 우리에게 올 것이라는 생각이 얼마나 터무니없고 황당한 것인지는 이미 충분히 입증되었건만, 이런 '네거티브 만능론'은 진보적 빠들의 절대 신앙으로 자리 잡고 있다. 이는 분노와 증오를 발산할 대상, 즉 적敵이 있어야만 자기 정체성을 확보할 수 있고 내부 단결을 유지할 수 있기 때문임은 두말할 나위가 없다.

내부 비판을 부역질로 보는 사람들에겐 그들 나름의 근거는 있다. 그건 바로 야당이 뭘 잘해서 집권하기보다는 여당이 뭘 못해서 집권할 가능성이 높은 게 아니냐는 것이다. 따라서 죽으나 사나 상대편을 공격하는 게 답인데, 왜 되지도 않을 내부 비판을 해대느냐는 게 그들의 생각이다. 물론 이런 생각에 대한 반론은 간단하다. 바로 그런 "소 뒷걸음질로 쥐 잡는 확률"에 기대를 거는 게 '국가운영 능력'에 대한 회의를 키우고 야당에 대한 혐오감을 키워 집권 가능성을 더 어렵게 만든다. 결코 쓰고 싶지 않은 말이지만, 바로 그런 생각이 진짜 부역질이다. 따라서 부역질이니 뭐니 하는 험한 말 쓰지 말고, 그 어떤 비판에 대해서건 소통을 해보겠다는 이성적 자세로 임하는 게 옳다.

이는 목표와 수단의 혼동 또는 착종錯綜에 관한 이야기이기도 하다. 그간 진보는 국가권력의 쟁취를 지향했다. 그러나 이젠 서구사회에선 권력을 잡지 않은 채 세상을 바꾸겠다는 진보도 등장했다. 권력을 잡기도 힘들지만 권력을 잡지 않고서도 세상을 바꿀 수 있는 가능성에 주목한 것이다.[29]

국가권력의 쟁취를 지향하는 게 옳으냐 그르냐에 대해 논하려는 게 아니다. 국가권력의 쟁취를 지향하지 않는 진보가 나올 정도로 국가권력의 쟁취라는 목표가 그간 진보의 실천에 어떤 영향을 미쳤는지에 대한 성찰이 필요하다는 뜻이다. 국가권력의 쟁취는 진보라는 목표를 이루기 위한 수단일 뿐인데, 그것이 목표가 된 나머지 진보의 모든 역량이 권력 쟁취에 집중됨으로써 생겨난 부작용이나 역효과가 진보와 대중의 거리를 멀게 만들었다는 점에 주목해야 한다는 것이다.

우리는 청년의 정치 소외도 그런 관점에서 이해할 필요가 있다. 조성주가 잘 지적한 것처럼, 그간 청년은 '민주주의 밖의 시민'들이었다. 그들은 보수정당은 물론 진보정당도 신경 쓰지 않는 영역의 사람들이었다. 왜? 투표율이 낮은 그들은 표를 만드는 데에 도움이 되지 않았기 때문이다.

역대 선거에서 20대 투표율은 늘 최저였으며, 20대

65퍼센트, 30대 72퍼센트, 40대 78퍼센트, 50대 90퍼센트, 60대 이상 79퍼센트를 기록한 2012년 대선 때는 19세 투표율보다 낮았다. 어떤 이들은 20대의 정치적 무관심을 겨냥해 '20대 개새끼론'을 주장하기도 했지만, 그들이 국가권력의 쟁취를 신앙으로 삼은 동시에 20대 때에 누렸던 '취업 호사'를 당연하게 생각하는 발상에서 나온 실언이거나 망언이었음은 두말할 나위가 없다.

그렇게 감정적 반응만 하지 말고 세상이 어떻게 돌아가고 있으며, 정치는 그 달라진 세상에 어떻게 적응하고 있는지 두 눈 부릅뜨고 자세히 살펴보자. 진보가 보수에게 즐겨 쓰는 '중독'이라는 현상이 진보엔 없는지 그것도 성찰의 대상으로 삼아보자. 탐욕에 중독된 것도 문제지만, 과거의 방식에 중독되어 시대착오적인 언행을 일삼는 것도 문제라는 데에 동의한다면 말이다.

제**2**장

'바리케이드와
짱돌'에
중독된 진보좌파

'노인을 위한, 노인에 의한, 노인의 정치'

2015년 4월 29일 보궐선거가 치러진 인천 서구 강화을에서 고령자가 많은 강화군의 투표율은 50.3퍼센트였지만, 젊은 층이 많은 인천 서구의 투표율은 29.3퍼센트였다. 이와 관련, 『조선일보』 기자 조의준은 "그만큼 정치권이 노령층의 눈치를 볼 수밖에 없고, 점점 연금과 노인복지 문제가 정치적 이슈가 되고 있는 추세다. 실제 노인老人 대국이라는 일본에서는 연금 등 사회보장 급여 지출은 GDP(국내총생산) 대비 23%에 달하지만, 출산·보육 등 가족 지원 예산은 1% 안팎에 불과하다"라고 말한다.[1]

이는 『조선일보』의 주장이기 때문에 무조건 부정해야 한다고 주장하면 할 말은 없지만(물론 어이가 없어서 할 말이 없는 것이다), 청년층의 낮은 투표율이 정치와 정책에 큰 영향을 미칠 수 있다는 건 의심할 여지가 없다.

일본에서 1960년대 청장년층(20~49세) 투표율은

70퍼센트가 넘었지만 최근 선거에서 49퍼센트까지, 20대 투표율은 38퍼센트까지 떨어졌다. 반면 60대 이상 투표율은 꾸준히 70퍼센트대를 유지했다. 이와 관련, 2014년 11월 도호쿠東北대학 교수 요시다 히로시吉田浩는 "선거를 열심히 하는 세대는 그만큼 경제적 혜택도 누릴 수 있다"라는 연구 결과를 발표했다.

그는 역대 12차례 중의원선거(1976~2009년)의 연령대별 투표율과 이후 연금 등 사회복지비의 상관관계를 분석했다. 그 결과 청장년(20~49세) 투표율이 1퍼센트포인트 낮아질 때마다 노인세대와의 복지혜택 격차가 연간 1인당 5만 9,800만 엔씩 늘었다. "정치권이 투표율 높은 노년세대에 맞춰 제도를 개편, 청장년층은 부담은 늘고 혜택은 줄었다"라는 것이다. 장기간의 투표율 격차는 1970년대까지만 해도 비슷했던 젊은 세대와 노년층의 연금 혜택에 엄청난 격차를 가져왔다. 현재 평생 부담해야 할 국민연금 보험료와 총 수령액은 27세 젊은이 기준으로 '1,978만 엔과 1,265만 엔'인 반면, 62세는 '1,436만 엔과 1,938만 엔'이다.[2]

고려대학교 교수 김동원은 일본 정치를 "노인을 위한, 노인에 의한, 노인의 정치"로 규정한다.[3] 이른바 '제론토크라시_{gerontocracy}'라는 것이다. gerontocracy는 그리스어로 'old man(노인)'을 뜻하는 geron과 'rule(지배)'을 뜻하는 cracy의 합성어다. '노인 지배 사회' 또는 '노인 정치'를 비판적으로 가리키는 말이다.[4]

권력 상층부가 노인들에 의해 구성되는 경향은 공산주의국가, 종교적인 신정국가 등에서 두드러지지만, 오늘날엔 일반적인 국가에서도 고령화로 인해 제론토크라시가 나타나기도 한다. 한겨레경제연구소 연구위원 김회승은 "일찌감치 고령화가 진행된 나라들은 대부분 '노인 정치'의 명암을 경험했다"라며 다음과 같이 말한다.

"노인 지배 사회는 보수화되고 성장성과 역동성은 떨어진다. 노령층은 과대 대표되고 청년층의 발언권은 위축된다. 반면, 노인들의 실질적인 삶의 질은 노인 정책보다는 분배 구조에 더 큰 영향을 받는다. 우리나라 베이비붐 세대는 이제 막 60대에 진입했다. 노령연금과 정년연장, 국민연금 등 노인 정책 이슈가 하나둘 불거지는 이유다. 제론토크라시의 시작이다."[5]

2015년 5월 2일 공무원연금을 개혁하려던 여야가 국민연금 소득대체율을 40퍼센트대 중반에서 50퍼센트로 올리자고 합의한 것을 계기로 정치권이 '포퓰리즘의

함정'에 빠졌다는 비판이 제기되었다. 『중앙일보』 사회 부문 차장 이상언은 "할아버지 세대인 여야 대표가 지난 2일 합의한 공무원연금 개혁안의 부당함은 자명하다"라 며 다음과 같이 말한다.

"당사자인 공무원이 반발하지 않는 것, 공무원을 비 롯한 노동자의 권익을 대변하는 것처럼 행동하는 정치인 들이 문제 삼지 않는 것만 봐도 결코 개혁이 아님을 알 수 있다.……젊은이들에게는 더욱 불행하게도 그들은 할아버지 · 아버지 세대가 지금 얼마나 나쁜 음모를 꾸미 고 있는지를 잘 모른다."[6]

그것이 과연 '나쁜 음모'인지 아닌지에 대해선 논란 이 있으므로 단언할 수 있는 문제는 아니지만, 노인층과 청년층의 투표율 격차가 정치에 미치는 영향이 매우 크 다는 건 부인하기 어렵다. 이는 노인 인구가 많은 군郡 단 위로 갈수록 확연하게 드러난다. 군 단위 지역에서 선거 운동은 시종일관 노인 표를 겨냥한 것이라고 해도 과언 이 아니다. 효孝 정신에 충실하거니와 사회적 약자인 노 인을 배려한다는 장점은 있지만, 문제는 청년에 대한 배 려가 없어 청년이 지역에 발붙이는 걸 어렵게 만드는 악 순환을 유발할 수 있다는 점이다.

최근 정부는 청년들을 끌어들이기 위해 공장이 밀집한 산업단지에 커피숍·편의점이나 교육·문화시설을 지을 수 있도록 허용하기로 했다.[7] 이는 청년 취업과 관련해 본질은 건드리지 않은 화장술쯤으로 생각할 수도 있겠다. 하지만 군 단위 지역이 이런 시도조차 없이 "노인이 많으므로 노인만을 위한 정책을 펴는 게 옳다"는 방향으로 나아갈 때 그것이 과연 노인들을 위해 좋기만 한 걸까?

'세대전쟁'은 보수의 음모인가?

나라 밖으로 눈을 돌려보자. 유럽 전역에선 고령 인구를 자신들이 부양해야 한다는 데 큰 부담을 느낀 젊은 근로자들이 이른바 '세대 정의generational justice' 구현을 위한 조직을 만들고 있다. 2003년 프랑스 파리에서 젊은이 3만 명이 거리로 뛰쳐나와 부모 세대에게 제공되는 보조금이 지나치게 많다며 시위를 벌인 이래로 수많은 세대갈등이 벌어졌고, 이젠 '세대전쟁generational warfare'이라는 말까지 나오고 있다.[8]

프랑스 소르본대학 교수 베르나르 스피츠Bernard Spitz

는 『세대 간의 전쟁』(2009)에서 "다수 선진국의 젊은이들은 노년층의 인질극에 사로잡혀 있다. 이제 상황이 믿을 수 없을 정도로 급변하여 노년층은 자녀들에게 외상을 지고 살게 되었다"라며 다음과 같이 말한다.

"프랑스 젊은이들 그리고 아마도 서울의 젊은이들에게 예정된 미래는 간단히 말해서 역사상 가장 규모가 큰 무장 강도 행위이다. 이는 자신을 희생하기는 했지만 책임은 지지 않은 과거 수세대가 젊은이들에게 하는 약탈행위이다.……사회가 청년층을 외면한 채 발전하고 청년층은 이를 운명이라 생각하고 받아들이는 듯한 분위기가 조성될 때 문제는 심각해진다."[9]

미국 역시 다를 게 없다. 미국 보스턴대학 경제학 교수 로런스 코틀리코프Laurence J. Kotlikoff, 1951~는 1984년 '세대 회계generational accounting'를 제안했는데, 이는 정부 정책이 노인층, 중년층, 청년층, 미래 세대에게 각각 얼마만큼의 부담을 안겨줄 것인지를 측정하기 위해 만든 것이다.[10] 코틀리코프는 『다가올 세대의 거대한 폭풍The Coming Generational Storm』(2004)에서 세대 회계의 필요성에 대해 이렇게 말한다. "우리 어른들이 빠른 시일 안에 아주 큰 희생을 감내하지 않는다면, 우리의 아이들은 현재

직면하고 있는 것보다 두 배나 더 높은 순세율net tax rates
을 일생에 걸쳐 부담하게 될 것이다."[11]

코틀리코프는 『세대 충돌The Clash of Generations: Saving
Ourselves, Our Kids, and Our Economy』(2012)에선 더 격한 어조
로 미국의 젊은이들이 기성세대에 의해 착취당하고 있으
며, 이를 감추기 위해 행정부는 물론 공화당과 민주당이
똑같이 거짓말을 한다고 단언한다.

"각 세대는 자신들이 부담해야 할 세금의 상당 부분
을 미래 세대에게 떠넘기고 있다. 매년 아니 수십 년 동
안 젊은이들로부터 돈을 빨아내 노인들에게 거금을 안겨
주면서, 미국 행정부는 사실상 거대한 폰지 사기ponzi
scheme(피라미드 사기) 행각을 벌여왔다."[12]

코틀리코프는 "거대한 인구집단인 미국의 베이비부
머가 은퇴할 때가 되면 국가재정이 파탄날 것"이라고 경
고하면서 지금이라도 당장 세금을 더 거두거나 노후연금
을 축소하는 등 '세대 간 형평성intergenerational equity'을 회
복해야 한다고 주장한다.

'세대 간 형평성'은 미국 경제학자 제임스 토빈James
Tobin, 1918~2002이 1974년에 제시한 개념으로 경제뿐만
아니라 환경 분야에서도 '지속가능한 개발sustainable

development'을 말할 때 쓰이는 개념이다. '세대 형평성을 지지하는 미국인Americans for Generational Equity'이란 단체는 부유한 고령층이 자녀 세대의 장래를 볼모로 잡고 그들의 삶을 빈곤으로 몰아넣고 있다고 비판한다.

그런데 이런 주장은 대부분 보수 쪽에서 나오고 있다. 미국 진보 진영의 경제평론가들은 '세대 간 상호의존generational interdependence'을 강조하며, 진보단체들 역시 상호 이해와 협력을 통한 타협의 길을 찾아 세대 간 형평성을 모색해야 한다고 주장한다.[13]

한국에서도 진보는 '세대전쟁론'을 보수의 음모로 보는 경향이 있다. 그러나 이 문제는 진보-보수로 편 가르기를 할 사안이 아니다. 앞서 지적했듯이, 고령화사회에선 보수와 진보를 막론하고 정치권은 투표율이 높은 노인층을 염두에 둔 정략으로 흐르는 경향이 농후하기 때문에 더욱 그렇다. 이와 관련, 박종훈은 『지상최대의 경제사기극, 세대전쟁』(2013)에서 "지금 세계 곳곳에서는 세대전쟁의 거친 소용돌이가 일어나고 있다"라며 '지금 대한민국은 세대전쟁 전야'라고 주장한다.

"문제는 이 세대전쟁을 넘어설 수 있는 시간이 5년도 채 남지 않았다는 점이다. 2010년대 후반이 되면 고령화가 더욱 진전되어 상황은 걷잡을 수 없이 악화될 것이다. 더구나 재정적자가 더 크게 불어나 세대 간 화합을 위한 경제정책의 재원을 마련하기란 거의 불가능에 가까워질 수도 있다. 지금 당장 세대전쟁을 끝내고 우리 모두의 미래를 위한 합리적 균형을 찾지 못하면, 우리는 일본이 겪었던 장기불황보다 더욱 심각한 위기에 빠질지도 모른다."[14]

그러나 정권과 정치권에 미래는 없다. 그들이 특별히 나쁘거나 사악해서가 아니다. 그게 바로 정치의 속성이다. 정권의 시야는 5년, 국회의원의 시야는 4년까지다. 그들은 지금 당장 표를 얻는 데에 도움이 되지 않을 미래에 신경을 쓰지 않는다. 물론 입으로야 미래를 팔아먹는 '미래 마케팅'을 엄청 해대지만, 그건 결코 정책으로 구현되지 않는다. 미래를 위한 현재의 고통을 요구하거나 감내하다간 자신들의 정치 생명이 날아간다고 믿기 때문이며, 이러한 믿음은 상당한 근거를 갖고 있다. 유권자들 역시 현재에 집착하기 때문이다.

부모 세대가 자녀 세대의 복지까지 염려한다는 이른바 '세대 간 이타성integerational altruism'에 기대를 걸어야 할까? 문제는 그런 이타성이 발휘될 수 있는 조건을 형성

해주는 일일 게다. 온 사회, 특히 정치가 증오로 늘끓으면 두표에서 세대전쟁이 나타날 것이고, 그 와중에 세대 간 이타성은 자취를 감추고 오직 가족 단위의 이타성만 발휘될 게 아닌가 말이다. 자, 이런 상황에서 우리는 무엇을 해야 하는가?

왜 우석훈은 『88만원 세대』의 절판을 선언했는가?

진보의 정의부터 바꿔야 하는 게 아닐까? 진보는 또 다른 이유로 청년에 신경 쓰지 않기 때문이다. 왜 그런가? 그들은 '계급'에 중독되어 있기 때문에 '세대' 개념을 불편하게 생각한다. 세대론이 복잡한 사회문제를 특정 세대의 책임으로 단순하게 전가하는 구조를 갖고 있는바, 계급 문제를 은폐하고 우익들에게 이용당할 수밖에 없는 담론이라는 게 그들의 주장이다.[15] 거칠게 말하자면, 계급 문제를 해결하면 세대 문제도 다 해결되는 것이지, 왜 세대를 들고 나와 계급 전선을 흐리느냐는 게 그들의 생각이다. 그래서 세대론에 대해 경계심을 넘어 적대감마저 갖고 있는 이가 많다.

예컨대, '계급'에 투철한 김규항은 '세대론'을 '신종 사기'로 규정한다. 그는 "〈국제시장〉을 둘러싼 논란을 비롯, 현재 청년들의 현실을 장년세대와 대비하면서 마치 장년세대가 알맹이를 다 빼먹어 버렸기 때문에 청년세대엔 쭉정이만 남았다는 식의 논리가 득세하고 있다. 과잉 생산에 의해 불황과 공황을 반복하는 자본주의 본연의 생리를 감안하더라도, 현재의 청년 현실은 세대 착취의 결과가 아니라 더욱 극악해진 한국 자본주의의 반영일 뿐이다"라고 말한다.

이어 김규항은 "청년들이 모두 88만원 세대라는 말은 거짓말이거나 오해다. 한국 사회의 부의 편중은 미국에 이어 세계 2위 수준에 이르렀고 사회복지 공공부문 지출은 경제협력개발기구OECD 국가 중 꼴찌다. 한국의 한 해 예산은 350조 원가량인데 최상위계층 1,500명이 300조 원의 자산을 독점하고 무리 없이 세습한다"라며 다음과 같이 말한다.

"대다수의 청년이 88만원 세대인 건 분명한 사실이지만 극소수의 청년은 88억원 세대이며 심지어 그 일부는 888억원 세대다. 88만원 세대 청년들은 '노동하기 나쁜 나라'의 직격탄을 맞은 청년들이고 88억원 세대 청년들은 '기업하기 좋은 나라'의 수혜를 입은 청년들이다.

현재 한국은 소수의 88억원 세대 청년들의 선재를 위해 대다수 청년들이 88만원 세대로 살아야만 하는 사회다. 청년 문제의 진실은 세대가 아니라 계급, 철저하고 처절한 계급적 참상이다."[16]

일리 있는 말씀이지만, 세대론을 너무 극단으로 몰고 가 격파하기 쉽게 묘사한 것 같아 아쉽다. 『88만원 세대』의 저자들이 좌파임에도 '세대'를 이야기하지 않을 수 없는 이유를 본문에 잘 밝혀놓았는데, 그 이유에 대해 반론함으로써 한 단계 진전된 논의를 펼쳤더라면 좋았을 것이다. 우석훈·박권일은 '세대'라는 용어가 다분히 내포하고 있는 위험성을 스스로 인정하면서 "그럼에도 불구하고 한 사회에 대한 분석을 시도하는 사람들이 종종 세대 담론을 사용하는 이유는 이것이 '역사성'과 '공간성'이라는 구체성을 추상성에 덧붙여주는 효과가 있기 때문이다"라고 말한다.

"'한국의 지금 20대'라는 개념은 매년 20대가 갱신되기 때문에 '잡을 수 없이 흘러가는 물'과 같은 개념이다. 그럼에도 불구하고 한국이라는 특수한 공간에서 21세기 초반이라는 특수한 구체성을 부여하는 매력을 가지고 있다. 개념 자체가 가지고 있는 수많은 위험에도 불구하고 많은 연구자들이 세대라는 표현을 쓰는 것은 보편주의적 접근이 절대로 가질 수 없는 맥락이라는 또 다른 매력 때문이다.……지금의 20대가 만나게 된 세상은 확실히 30대와 40대가 만났던 한국 사회와는 다르다."[17]

물론 '88만원 세대론'에 문제가 없을 리 없다. 공저자인 박권일은 자신들의 작업이 "불안정 노동의 전면화라는 다분히 계급적인 문제에 세대론의 '당의唐衣'를 입힌다는 것"이었으나 "세대론에 집중하다 보니 세대 내부의 양극화, 20대와 50대에서 쌍봉형으로 나타나는 불안정 노동과 같은 주요 문제들이, 언급되긴 하지만 상대적으로 소홀히 취급"되었다고 아쉬워했다.[18]

진보좌파의 비판에 너무 많은 스트레스를 받은 걸까? 다른 공저자인 우석훈은 2012년 3월 26일 자신의 블로그에 『88만원 세대』가 의도와 다르게 활용되었다며, 이 책을 "세상에 준 기여보다 부정적 폐해가 더 많게 된 책"으로 평가하면서 절판을 선언했다. 특히 그는 새누리당의 젊은 정치인 손수조(1985~)가 스스로 '88만원 세대'로 지칭하는 것에 불편한 심기를 내비치며, 이 책이 "청춘들이 움직이지 않을 이유로 삼게 된 책"이라고 말했다. 우석훈은 "청춘들이여, 정신 좀 차려라"라며 독자들에게도 절판의 책임이 있음을 밝혔다.

이에 박권일은 자신의 블로그에서 『88만원 세대』의 절판에 동의하지만, 우석훈이 내세운 절판의 이유엔 동의하지 않는다고 밝혔다. 그는 "내가 절판에 동의하는 것은 이미 여러 차례 밝혀온 것처럼 『88만원 세대』라는 책의 시대적 역할과 한계를 공히 절감해왔기 때문이다" 라며 다음과 같이 말했다.

"『88만원 세대』라는 책의 한계는 우석훈 씨가 말한 것처럼 '청년들에게 싸우지 않을 핑계를 제공해서'가 아니다. '책을 읽고도 청년들이 싸우지 않는다. 실망했다' 는 식의 주장은 이 책에 대한 과대평가다. 『88만원 세대』의 한계는 일차적으로 그 책의 내용에, 즉 저자들에게 있다. 그 한계를 청년 세대에게 모두 전가해선 안 된다. 이 책의 한 구절이라도 보았을 모든 독자들께 마음을 다해 고마움과 미안함을 전한다." [19]

왜 '세대'와 '계급'을 흑백 이분법으로만 보는가?

두 저자 모두 『88만원 세대』를 과대평가했다는 생각이 든다. 세상에 완벽한 책이 어디에 있단 말인가? 매우 중요한 문제 제기를 했다는 점에서 이 책을 긍정 평가하는 나로서는 책의 어떤 한계나 결함이 절판까지 해야 할 정도의 이유가 되는 것인지에 대해 이해가 가질 않는다. 우석훈이 좌파의 본령에서 벗어났다는 비판에 압도당한 나머지 자신의 좌파 정체성을 지키기 위해 절판을 결정한 건 아닐까? 그 이유가 무엇이건, 이 절판 사건은 그만큼 한국 진보좌파 진영의 계급 중심주의가 강고하고 질기고 심하다는 방증으로 보아도 무방하리라.

과대평가를 범했다는 점에선 비판자들도 마찬가지다. 『88만원 세대』가 무슨 『자본론』에 도전한 책이었나? 왜 그렇게 거대하게, 경제적으로만 이 책을 보려고 하는가? 세대론을 오직 경제 중심으로 너무 좁게 해석한 건 아닌가? 예컨대, 세대 불평등이 통계자료에 유의미하게 나타나지 않는다는 게 반론이 될 수 있는가? 너무 성급한 게 아닌가? 경제만 보지 말고 정치와 사회심리학적 측면에 주목해야 하는 건 아닌가?

오늘날의 청년들에겐 저성장, 고용 없는 성장, 신자유주의, 대학서열의 종교화, 대학 등록금 폭등 등 다른 세대가 겪지 못했던 특수성이 있다는 건 분명하지 않은가. "10여 년 일찍 태어난 게 요즘은 죄스러울 정도로 다행이라는 생각이 든다"는 40대 초반 직장인의 고백이 예외적인 게 아니지 않은가 말이다.[20] 청년들이 어떤 상황에 처해 있으며 이것이 정치, 사회 전반에 미치는 영향과 그에 따른 사회적 차원의 기회비용opportunity cost이 왜 의미가 없단 말인가?[21]

로버트 W. 맥체스니Robert W. McChesney는 『디지털 디스커넥트: 자본주의는 어떻게 인터넷을 민주주의의 적으로 만들고 있는가Digital Disconnect: How Capitalism is Turning the Internet Against Democracy』(2014)에서 "파시즘은 현재의 사회관계를 유지하고 재생산하는 데 필요한 다른 선택지가 없을 경우 자동 채택하는 디폴트 옵션default option(기본 선택) 같은 게 될 수 있다"라고 경고한다.[22]

파시즘까진 아니더라도, 대중이 다른 선택지가 없기 때문에 갖게 되는 정치적 행태가 사회진보에 역행하는 결과를 낳는 건 자주 일어나는 일이다. 이를 잘 표현해주는 슬로건이 바로 "그놈이 그놈이다"라는 말이다. 우리가 전 사회적 차원의 디폴트 옵션에 충분한 관심을 기울이는 동시에 세대론을 계급론 못지않게 중요하게 생각해야 할 이유라 하겠다.

『88만원 세대』를 비롯한 세대론에 어떤 문제가 있다

하건, 단지 그런 이유만으로 '세대론'을 '신종 사기'로 규정하는 게 도대체 말이 되는가? 세대로 모든 걸 다 설명하려 든다면 그렇게 볼 수도 있겠지만, 세대론이 그런 건 아니잖은가. 너무 나간 게 아닐까? 진보좌파 진영은 과거에 여성 문제와 지역 문제도 그와 비슷한 논리를 펴가면서 무시하거나 조롱한 전과가 있다. 계급만으로 세상의 모든 문제를 이해하고 해결하려 드는 '계급론 만능주의'라고 해도 좋을 정도였다.

계급은 그 근본은 영원하겠지만 세상이 달라지면 어느 정도 따라서 변할 수밖에 없는 개념이다. 그간 각종 연구나 통계 지표에서 사회 계층을 논할 때 상류계급, 중산계급, 노동자계급으로 분류해왔지만 이런 분류가 더는 현대사회의 계층을 설명하는 데 적절하지 않다는 지적이 꾸준히 제기되어왔다. 2013년 영국 런던 정경대학 교수 마이크 새비지Mike Savage는 이런 점을 감안해 현대 영국 사회는 엘리트, 안정된 중산계급, 기술적 중산계급, 풍족한 신노동자계급, 전통적 노동자계급, 신흥 서비스 노동자계급, 불안정한 프롤레타리아 등 7개 계급으로 이루어진 새로운 사회 계급 모델을 제시했다.[23]

이런 분류가 옳다는 이야기가 아니다. 평생 계급을

연구해온 학자가 계급 개념의 수정 필요성을 역설할 정도로 세상이 급변하고 있는바, 상황에 따라 세대론을 포용할 수 있을 만큼 신축성을 가져야 한다는 것이다. 즉, 흑백 이분법에서 벗어나 흑과 백 사이에 다양한 명도의 회색이 있음을 인정하는 퍼지식 사고fuzzy thinking를 갖는 것은 선택이 아니라 필수라는 이야기다.[24]

왜 우리는 이런 문제에서 '10대 0'의 입장을 고수해야만 하는가? '6대 4'나 '7대 3' 또는 '8대 2'의 자세를 가지면 안 되는가? 즉, 전체를 10으로 볼 때 계급이 6, 7, 또는 8의 중요성을 갖고 있지만, 계급으로 환원할 수 없는 여성·지역·세대의 문제가 4, 3 또는 2의 중요성을 가지며, 따라서 '세대론'도 정당한 면이 있다고 왜 말할 수 없단 말인가?

세대 착취의 문제도 단칼에 전면적으로 부정할 수 있는 성격의 것은 아니다. 현 정치 상황에서 보수가 '세대 간 착취'니 '세대 간 도적질'이니 하는 주장을 한다고 해서, 보수가 떠드는 이야기니까 무조건 비판하거나 반대해야 하는 걸까? 즉, 보수가 복지 축소를 위해 세대 문제를 이용한다고 해서, 그것에 반대하기 위해 세대 간 형평성 문제는 존재하지 않는다는 입장을 취해야 옳겠느냐는 것이다.

한국은 다른 국가와 비교하는 것조차 부끄러울 정도로 '최악의 노인 빈곤율'을 보이는 나라다.[25] 그렇기 때문에 세대 간 형평성 문제를 외면해야 하는가? 왜 매사를 이것 아니면 저것이라는 이분법으로만 보려고 하는가? '보편복지=진보', '선별복지=보수'라는 해괴한 이분법도 넘어서야 하는 게 아닐까?

계급과 세대는 양자택일의 문제가 아니라 서로 결혼을 해야 할 관계이자 문제다. 청년들이 활기차게 역동적으로 해야 할 일들마저 노인들이 점령하고 있는 현실을 보자. 이건 한국 사회에 만연한 전관예우, 패거리주의, 연고주의의 문제지만, 결과적으로 세대 문제가 되고 있다. 그런데 중요한 건 여기서 문제가 되는 노인은 모든 노인이 아니라 권력과 금력을 가진 노인들이라는 점이다. 그래서 세대와 더불어 계급을 같이 보는 시각이 필요한 것이다.

앞서 페터 비에리는 일자리가 인간 존엄의 문제라고 했지만, 그게 집단의 문제가 되면 기본적인 체제 유지의 문제가 된다. 세대론을 좁게만 생각할 것이 아니라, 국가·사회의 재생산과 지속가능성의 문제로 이해할 필요가 있다는 뜻이기도 하다. 세대 간 계급 격차가 핵심이 아니라 그것보다 중요한 문제가 있다는 말이다. 달리 말 하자면, 나라 전체가 무너지는 문제일 수 있다는 것이다. 이는 기존 계급론의 그물망엔 포착되지 않는 것이다. '세대론'이라는 표현이 영 거슬린다면, '세대계급론'으로 부르면 될 게 아닌가.

"20대여, 토플책을 덮고 바리케이드를 치고 짱돌을 들어라"?

『88만원 세대』에 대해 비판을 해야 한다면 오히려 대안의 비현실성을 지적해야 한다. 이 책의 표지엔 "20대여, 토플책을 덮고 바리케이드를 치고 짱돌을 들어라"는 문구가 박혀 있다. 물론 본문의 내용에서 나온 슬로건이다. "지금 우리나라의 88만원 세대에게 가장 필요한 것은 그들만의 바리케이드와 그들이 한 발이라도 자신의 삶을 개선시키기 위해 필요한 짱돌이지, 토플이나 GRE 점수는 결코 아니다.……도대체 바리케이드와 짱돌 없이 어떻게 최소한의 자신들의 자존심과 존재감이라도 지킬 수 있겠는가?"[26]

한국의 진보좌파는 '바리케이드와 짱돌'을 너무 좋아하는 경향이 있다. 2008년 광우병 파동 때 나온 진보좌파 지식인들의 거의 대부분이 거리 중심의 운동론을 펼친 것도 바로 그런 고질적 성향을 잘 말해준다. 당시 촛불 집회 예찬론과 '운동이냐 정당이냐'는 기준에 반기를 들고 정당의 중요성을 역설했던 박상훈은 "증오에 가까운 비난의 대상이 되었다".

박상훈은 "촛불 집회에 대한 여러 해석들은 마치 촛불 집회를 누가 더 높이 평가할 수 있는지를 경쟁하는 것 같았다. 그러다 보니 실제 현실의 여러 측면이 획일화되고 과장되고, 나아가서는 신화가 되고 이데올로기가 되는 경향이 커졌다"라며 다음과 같이 말한다.

"'위대한 시민'과 '대중의 놀라운 창발성' 등을 거론하는 사람 중에는 2007년 대선과 2008년 총선 결과를 두고 시민의 보수화와 욕망의 정치에 포획된 대중을 이야기했던 사람도 있다. 황우석 사태 때는 과학 이데올로기에 동원된 대중을 비난했고, 5·18 때가 되면 '위대한 광주 시민'을 이야기하다 선거 때만 되면 '지역감정의 노예가 된 유권자'를 질타했던 사람도 있다.……촛불 집회의 새로움을 이야기하고 새로운 시민운동, 새로운 민주주의를 이야기하는 사람들의 과장도 심했다.……촛불 집회를 아날로그 정치 대 디지털 정치, 근대적 정치 대 탈근대적 정치, 정통적 정당 정치 대 참여적 생활 정치 등 과격한 이원론으로 재단하는 것은 그 절정이라 할 수 있다."[27]

한마디로 이야기해서 '참을 수 없는 가벼움' 그 자체였다. 그런데 우리가 정작 주목해야 할 것은 그것이 바로 한국형 진보의 특성이기도 하다는 사실이다. 새정치민주연합의 특성이기도 하다. 늘 현실 분석을 희망사항으로 대체하면서, 현실을 지적하는 사람에게 '증오에 가까운 비난'을 퍼붓는 버릇, 그리고 시간이 흘러 자신들의 희망사항이 전혀 실현되지 않았는데도 아무런 성찰과 반성 없이 자기들이 옳았다고 버티는 '유체이탈' 성향은 지금도 건재하다.

새정치민주연합의 수준은 바로 그런 사람들의 수준이다. 그러니 그 정당을 미워하거나 조롱하더라도 자신을 돌아보면서 하는 게 필요할 것 같다. 정당과 정치인은 책임이라도 지지만, 지식인과 운동가는 책임을 모른다. 단지 그 차이일 뿐이다. 다시 원래 이야기로 돌아가자. '바리케이드와 짱돌'에 대해선 한윤형의 다음과 같은 지적이 적절하다.

"사실 지금의 청년층은 미계몽되었다기보다는 과계몽된 상태다. 그들은 '부모 세대처럼 살 수 없다'는 사실을 이해할 뿐 아니라, 그런 상황을 운동으로도 반전할 수 없다는 사실까지 이해하고 있다. 이런 상황에서 진보 지식인의 조언은 상당히 기괴한 것인데, 왜냐하면 그들은 자본주의의 문제를 말한다고 하면서 '자본주의의 사춘기'에 가능했던 저항의 형식을 권유하고 있기 때문이다."[28]

'대학 등록금', '청년 실업', '20대 탈정치화'를 '절망의 트라이앵글'로 부른 조성주 역시 '짱돌'을 들기보다는 아픔에 공감하고 소통하고 연대하는 것이 중요하다고 말한다.[29] 시대에 뒤떨어져도 한참 뒤떨어진 '바리케이드와 짱돌'을 역설하기 전에 그간 청년들에게 도대체 무슨 일이 일어난 것인지 좀더 정교하게 살펴볼 필요가 있다. 이와 관련, 조성주는 "2002년까지 상대적으로 진보적이었던 대학생(20대 전반)이 2002년에서 2007년 사이에 정치에 환멸과 냉소를 보이는 세대로 바뀌었다"라며 다음과 같이 말한다.

"2003년부터 청년 실업 문제가 심각한 사회문제로

언론에 오르내리기 시작했고, 결국 내수경제 붕괴와 노무현 정권의 신자유주의 정책의 추진은 2007년에 이르러 청년 실업 100만 시대를 만들어버렸다. 또 2001년을 기점으로 하여 1997년 IMF 때문에 1999년까지 잠시 동결되었던 대학 등록금이 물가상승률의 두세 배를 넘나들며 급격하게 상승하면서 대학 등록금 문제가 대학 사회 최대의 갈등으로 등장했다. 따라서 2002년에서 2007년까지 대학생들은 청년 실업 100만 명 시대, 대학 등록금 1,000만 원 시대가 도래하면서 계속해서 고통 받았다고 할 수 있다.······상황을 이렇게 놓고 보면 대학생들을 급격하게 탈정치화로 몰고 간 것은 바로 386세대들이 주도했던 노무현 정권이라고 볼 수 있다."

따라서 20대는 '기권'한 것이 아니라는 게 그의 주장이다. "지난 10여 년, 짧게는 지난 5년간 그들의 문제를 외면했던 사회 전반에 대한 불신임에 투표한 것이다. 20대의 보수화니 탈정치화니 하는 허황된 담론보다 더 심각한 것은 그들이 사회 전체에 대해 보이는 환멸이다. 그리고 이것을 받아 안지 못하는 사회구조와 정치세력들이다."[30]

같은 맥락에서 서울과학기술대학교 교수 고원은

「청년세대에 바통을 넘겨라」라는 칼럼에서 "이들은 아직까지 정당·의회 영역에서 자신의 정치적 대표를 만들어내지 못했다. 1980년대 운동적 열정의 폭발에 의해 정치세력화된 586세대와 달리 청년세대들은 일상적 삶의 실질적 문제로부터 정치세력화의 토대를 닦아야 하기에 그 속도는 느리고 더딜 수밖에 없다"라며 다음과 같이 말한다.

"우리가 국가공동체를 위기에서 구하려거든 청년정치에 집중 투자해야 한다. 지금까지처럼 그들을 동정과 시혜의 대상으로 보는 것이 아니라, 그들이 한국 정치의 주도자로 나서도록 제도적 기반을 정비하고 그들에게 아직은 부족한 지혜와 경륜과 자원을 빌려줘야 한다. 그리하여 청년층을 선두로 비정규직과 공동체 시민들이 굳건하게 연대하는 새로운 정치세력 기반이 만들어져야 한다. 전쟁 및 산업화시대와 민주화시대에 형성되어 고착된 낡은 보수와 진보의 세력 기반을 파괴하고 대체하는 세력 교체야말로 진정한 혁신의 본질이자 완성인 것이다."[31]

기존 진보는 "전쟁 및 산업화시대와 민주화시대에 형성되어 고착된 낡은 보수와 진보의 세력 기반을 파괴하고 대체하는 세력 교체"가 필요하다는 말에 서운해할 수도 있겠지만, 그전에 자신들의 사고방식과 행태부터 돌아볼 일이다. 교체 대상이라는 점에선 둘 다 똑같지만, 실력과 영악함에선 보수가 진보보다 한 수 위라는 점에도 눈을 돌려야 한다. 이 점에서 진보가 보수의 수준에 근접하려면, '짱돌' 타령부터 그만두어야 한다. 그래야 공부를 하게 될 게 아닌가 말이다. 굳이 짱돌에 대한 미련을 버리지 못하겠다면, '종이 짱돌paper stone', 즉 투표로 승부를 보겠다는 자세를 가져야 한다. 이와 관련, 다음 장에서 한국에서 통용되는, 보수가 진보를 이기는 비법을 하나 소개하겠다.

제 **3** 장

"청년은
진보와의 <u>결별</u>도
<u>불사해야</u> 한다"

박근혜 정권의 신파극에 놀아나는 야당

한국에선 보수가 진보를 이기는 비법이 하나 있다. 그건 보수가 50퍼센트의 정당성을 가진 주장을 100퍼센트 정당하다고 주장하는 것이다. 그러면 진보는 신바람을 내면서 그 주장이 100퍼센트 정당하지 않음을 입증하기 위해 총력을 기울인다. 이때에 진보가 중독된 흑백 이분법이 독약으로 작용한다. 진보엔 아예 '퍼지 유전자'가 없는 걸까? 목욕물 버리면서 아이도 버리는 일을 상습적으로 저지르고 있으니 말이다.

자기들 내부적으로 딜레마 비슷한, 고민을 많이 해야 할 사안에 대해서도 보수가 어떤 주장을 세게 치고 나가면 그 딜레마는 저절로 해결된다. 보수의 주장에 전면 반대하는 것이 답이 되는 것이다. 진보 내부의 딜레마 문제는 늘 보수가 해결해준다고 해도 과언이 아니다. 청년 일자리 문제 등을 비롯한 주요 문제들에 대해 어찌 그리

일관된 행동 패턴을 보이는지 놀랄 지경이다.

　　노동 개혁을 추진할 새누리당의 노동시장선진화 특별위원회를 이끄는 이인제는 2015년 7월 28일 "청년은 가족의 희망이고 나라의 미래인데 고용절벽 앞에 절망하는 청년을 이대로 방치하는 것은 죄악"이라고 말했다.[1] 대통령 박근혜는 2015년 8월 6일 대국민담화에서 노동 개혁과 관련해 "이제 우리의 딸과 아들을 위해 결단을 내릴 때가 됐다"라며, "기성세대가 함께 고통을 분담하고 기득권을 조금씩 양보해야 한다"라고 호소했다. 『중앙일보』는 이를 보도하면서 「"우리 아들딸 위해" 노동 개혁 강조…5차례 "간곡히 부탁"」이라는 헤드라인을 달았다.[2]

　　눈물 없인 보고 들을 수 없는 신파극을 방불케 한다. 신파에 재미를 붙인 걸까? 박근혜는 다음 날 청와대 연무관에서 열린 ROTC 중앙회 대표단과의 간담회에선 "개혁에는 진통이 따르고 기득권의 반발도 거세지만 당장의 고통이 두려워서 개혁을 뒤로 미루거나 적당히 봉합하고 넘어간다면 우리의 후손들은 10배, 100배의 고통을 겪게 된다"라면서 "새로운 일자리를 많이 만들고 더 많은 청년과 국민에게 일할 기회를 주기 위해서는 노동 개혁을 반드시 이뤄내야만 한다"라고 말했다. 이는

「"고통 두려워 개혁 미루면 후손 100배 고통"」이라는 제목의 기사로 보도되었다.[3]

이에 화답하듯, 새누리당 대표 김무성은 "노동시장이 너무 경직돼 있기 때문에 외국 기업들이 안 들어온다"라며, "정권을 잃을 각오로 노동 개혁을 꼭 성사시키겠다"라고 비장한 각오를 밝힌다. 그는 "현재 우리나라 노조가 140여만 명이고, 여기에 4인 가족을 곱하면 600만 표가 날아갈 수 있다"라며, "하지만 표를 의식해 정치하면 일본처럼 어려워질 수밖에 없다"라고 주장한다. 「김무성 "600만 표 날아가도 노동 개혁"」이라는 기사가 비장미를 풍긴다.[4]

8월 12일 『한겨레』 1면 하단엔 '대한민국 정부'의 이름으로 「노동개혁은 우리 딸과 아들의 일자리입니다」라는 제목의 광고가 실렸다. "지금 바꾸지 않으면 우리 딸과 아들의 미래는 없습니다. 부모가 자식의 미래를 걱정하는 마음으로 노와 사가 양보하면 국민이 기대하는 노사정 대타협이 이루어집니다."

이런 일련의 신파극은 박근혜 정권이 나오미 클라인Naomi Klein이 작명한 '쇼크 독트린Shock Doctrine' 수법을 쓰고 있음을 말해준다. 즉, 다가오는 위기나 재앙의 위협을 역설하면서 급진적인 자유 시장 개혁이 필요하다고 강요하는 수법이다.

이 수법의 이론적 대부라 할 경제학자 밀턴 프리드먼Milton Friedman, 1912~2006은 『자본주의와 자유Capitalism and Freedom』(1982)에서 이렇게 말한 바 있다. "실제이든 아니면 인식이든 간에, 오직 위기만이 진짜 변화를 만들어낸다. 위기가 발생하면 이제껏 밀려났던 사상에 근거한 조치가 취해진다. 또한 과거엔 정치적으로 불가능했던 일들이 오히려 불가피해진다."[5]

물론 야당과 진보는 박근혜 정권의 현란한 언어 뒤에 숨은 뜻을 귀신 같이 꿰뚫어보고 있다. 보수적인 노동 개혁, 아니 '노동 개악'을 위해 청년의 고통을 이용하는 동시에 이런 갈등 구도를 총선에서 유리하게 써먹으려는 정략이 있음을 너무도 잘 안다. 이를 다루는 진보 언론의 분석 기사는 '족집게'라고 해도 과언이 아닐 정도로 보수의 속셈을 훤히 들여다본다. 그런데 단지 그것뿐이다.

박근혜 정권의 속셈을 알기 때문에 결사반대하는 것만이 진보가 하는 일의 전부가 되고 있다. 새누리당의 정략이 괘씸하긴 하지만, 그게 과연 '10대 0'으로 비난만 해도 좋을 일인가. 구체적인 대안을 제시하면서 "청년을 이대로 방치하는 것은 죄악", "우리의 딸과 아들을 위한 결단", "후손들이 겪을 10배, 100배의 고통" 등과 같은 말을 선점해야 하는 게 아닌가? 그래야 '노동 개악'도 막아낼 수 있는 게 아닌가?

물론 대안 제시가 전혀 없다는 뜻은 아니다. 예컨대, 새정치민주연합 정책위의장 최재천을 비롯하여 이른바 정책통들이 나름의 대안을 제시하고 있음을 모르지 않는다. 지금 내가 여기서 말하고자 하는 것은 여론전이다. 어떤 프레임을 설정해 여론투쟁에서 우위를 점할 것인가 하는 점에서 심각한 문제가 있다는 것이다.

"재벌개혁부터 먼저 하자"는 대안 아닌 대안은 동문서답東問西答 아닌가? 새정치민주연합이 "정부가 청년고용정책 실패를 중장년 탓으로 돌리려 한다"라고 비판하는 것까지는 좋다. 그러나 얼마나 많은 사람이 "세대 갈등을 조장하는 사악한 정권"이라는 말에 동의할까?[6] ROTC 중앙회 대표단과의 간담회에 대해 "오늘 청와대 모습을 보면서 박정희 군사독재 시절 익숙했던 동원 정치의 한 장면을 떠올리지 않을 수 없다"라고 한 대변인 논평에 공감할 사람은 얼마일까?[7] 이야말로 박근혜 정권의 신파극에 놀아나는 게 아니고 무엇일까?

진보는 보수를 위한 자원봉사에 나섰는가?

그 지경이니 『조선일보』에 「청년 '고용절벽'에 대한 야당野黨의 침묵」이라는 칼럼이 실려도 야당으로선 할 말이 별로 없게 생겼다. 갈수록 심해지게 되어 있는 '고용절벽'을 '대재앙大災殃'으로 규정한 이 신문의 논설위원 김기천은 "야당 원내대책회의 발언록 등을 보면 고용절벽이라는 용어 자체가 거의 눈에 띄지 않는다. '일자리를 놓고 세대 갈등을 부추겨서는 안 된다'며 불편한 속내를 드러내는 게 고작이다"라며 다음과 같이 말한다.

"일자리의 질質을 높이는 것도 우리 경제의 미래를 위해 반드시 풀어야 할 중요한 과제다. 그러나 당장은 '발등의 불'부터 꺼야 한다. 더욱이 고용절벽은 정치권이 중·장년층의 환심을 사기 위해 무턱대고 정년을 늘린 데 원인이 있다. 여야 정치권이 가장 큰 책임을 느껴야 할 문제다. 고용절벽에 대한 야당의 침묵은 아무 대책 없이 일을 저질러놓고 뒤처리는 나 몰라라 하는 태도나 다름없다. 이래서는 야당의 수권受權 능력에 대한 국민의 의구심만 더 깊어질 뿐이다."[8]

이런 종류의 비판이 나오면, '『조선일보』의 야당 죽

이기'라고 펄펄 뛰는 게 그 동네 열성 지지자들의 한결같은 반응이다. 제발 이제는 그러지 말자. 보수의 주장에 전면 반대하는 것에서 답을 찾는 조건반사 관행을 중단하자. 심지어 보수의 음모에서도 배울 건 배우는 지혜를 갖자. 야당과 그 열성 지지자들의 행태는 청년에게 일자리를 주지 않는 건 죄악이라는 메시지까지 보수의 메시지로 헌납하려는 듯, 아니 보수를 위한 자원봉사에 나선 것 같은 착각을 불러일으킬 정도다. 딜레마를 딜레마로 보지 않는 그 단순함, 고민 없는 원론과 정략에 올인 하는 멘탈은 기네스북에 올라도 좋을 정도로 일관성을 자랑한다.

사정이 그와 같으니, 청년은 진보와의 결별도 불사해야 한다는 주장이 나오는 건 당연한 일이라 하겠다. 청년 논객 노정태는 "몸은 다 컸고 법적으로도 미성년자에서 벗어났지만, 경제적으로는 여전히 미성년자 취급을 당하는 사람들, 그들이 바로 청년이다"라며 다음과 같이 말한다.

"국민연금 개혁안에서, 지금부터 보험료율을 어디까지 끌어올려야 할지에 대한 구체적 논의 없이, 일단 소득대체율부터 50%로 못 박아야 한다고 야권은 요구했다. 적잖은 청년들은 반발했다. 야권 성향의 언론과 지식인들은 그러한 청년들의 목소리를 '보수 언론의 선동에 놀아난다'는 식으로 매도하는 경우가 적지 않았다. 하지만 지금 소득대체율을 40%에서 50%로 올린다 해도 당장의 노인 빈곤 문제와는 무관하다. 빈곤 노인들은 국민연금 사각지대에 갇혀 있기 때문이다. 그런데도 개혁 진보 세력은 세대 간 연대니 공동체의 의무니 하는 원론적인 정답만 되풀이할 뿐이다."

이어 노정태는 "2008년 이후 언론 지면에 등장한 젊은 논객들에게는 나름의 자체적 가이드라인이 있었다고 나는 생각한다. 청년들의 문제를 가시화하되 기존의 진보적 가치, 조직, 여론과 조화를 이루어야 한다고 말이다. 그것은 단지 논객들뿐 아니라 청년층 전반의 지배적 기조이기도 했다. 그래서 젊은이들은, 그토록 '20대 개새끼론'이 횡행했음에도, 지난 대선에서 야당에 표를 몰아주었다. 당장은 보답을 기대하기 어렵더라도, 진보 개혁 세력에게 좋은 것이 청년에게도 좋다는 믿음을 가지고 있었던 것이다"라며 다음과 같이 말한다.

"칸트는 '미성년 상태란 다른 사람의 지도 없이는 자신의 지성을 사용할 수 없는 상태'라고 했다. 청년들

또한 진보 개혁 세력의 그늘에서 벗어나 스스로의 지성을 사용해야 할 때다. 늙은 진보의 편에서 동원의 대상으로 전락하는 대신, 비난받는 한이 있더라도, 독자적 이해관계를 더 명확히 드러내고 필요하다면 기꺼이 대립할 필요가 있다. 청년들 스스로 감히 생각하는 것, 그것이 대한민국의 미래를 위한 투쟁이다."[9]

왜 진보는 자기 존재증명에 정치적 역량을 탕진하는가?

"늙은 진보의 편에서 동원의 대상으로 전락하는 대신, 비난받는 한이 있더라도, 독자적 이해관계를 더 명확히 드러내고 필요하다면 기꺼이 대립할 필요가 있다"라는 노정태의 주장은 파격이다. 정치인이기 때문에 말은 조심스럽게 했을망정, 조성주의 문제의식 역시 그런 파격에 맞닿아 있다. 기존 싸움의 콘텐츠가 이대로 좋으냐는 문제 제기다.

그간 진보는 보수와 싸우는 걸 가장 중요하게 생각해왔다. 싸울 일이 어디 한두 가지인가? 전선을 긋고 상대 진영을 향해 분노·증오·조롱·모멸을 퍼붓는 게 주요 업무였다고 해도 과언이 아니다. 물론 지금도 그런다.

그런데 문제는 유권자들이 도무지 움직이지 않는다는 점이다. 오히려 옳은 말과 일을 하는데도 더 멀어져만 간다. 그래서 상처를 받고, 그 상처는 분노로 발산된다. 이런 패턴을 겪었던 조성주는 "분노를 지속적으로 표출하다 보면 어느 순간 스스로가 망가져 있더라. 굉장히 힘든 시기에 만난 게 솔 알린스키의 책이었고, 그의 책을 읽으며 치유가 됐다"라며 다음과 같이 말한다.

"1970년대 지역에서 빈민 운동을 하시던 분들은 알린스키를 잘 알 것이다. 1980년대 들어와서 한국에서는 잊혀졌는데, 2011년 우연한 기회에 그 책을 읽게 됐다. 읽으면서 행복했다. 내면의 단단함, 자기정체성이 있다면 극단적인 표현이나 말을 하지 않더라도 충분히 이길 수 있다는 것을 배웠다. 악이 더 힘이 세고 가진 자들이 힘이 세면 싸움에서 그들이 승리하는 게 맞다. 세상은 생각만큼 쉽게 바뀌지 않으니까. 그러나 반드시 변화하기는 한다. 원하는 만큼 바뀌지 않는다고 진보는 조급함을 갖는다. 그리고 그 조급함을 분노와 적대감을 표출하는 방식으로 해소한다. 진보의 내면이 단단하지 않기 때문이다."[10]

솔 알린스키Saul Alinsky, 1909~1972의 정신을 실천해보겠다고 나선 정치인이 있다니, 정말 반갑다. 알린스키는 누구인가? 미국의 도시 빈민 운동가이자 커뮤니티 조직 운동가인 알린스키는 1960년대 운동권 학생들의 영웅이 었지만, 일부 학생 행동주의자들student activists, 특히 신좌파New Left 지도자들과는 불편한 관계였다. 신좌파가 혁명 의욕에 너무 충만한 나머지 '있는 그대로의 세상'이 아니라 '자기들이 원하는 세상' 중심으로 운동을 전개한다고 보았기 때문이다.[11]

알린스키는 학생 행동주의자들의 진정성마저 의심했다. 물론 세상을 있는 그대로 보지 않는다는 이유 때문이었다. "그들은 사회를 바꾸는 데에 관심이 없다. 아직은 아니다. 그들은 그들 자신의 일, 자신을 발견하는 것에만 관심을 두고 있다. 그들이 원하는 것은 자기 존재증명revelation일 뿐 혁명revolution이 아니다."[12]

한국의 진보를 두고 한 말 같다. 진보는 보수와의 관계에서 "나는 보수가 아니다"라는 걸 드러내는 자기 존재증명에 정치적 역량을 탕진하고 있으니 말이다. 그들이 즐겨 쓰는 '정체성'이니 '선명성'이니 하는 말이 바로 그런 자기 존재증명의 슬로건이다. 변호사 출신 새정치민주연합의 한 재선 의원은 "이 정당에서 내가 아무리 주도적인 활동을 해도, 결국 듣는 말은 '당신 80년대에 뭐 했어?'였다. 아무리 뛰어도 나의 위치는 주변부였다"라고 토로했다.

『한겨레』 정치부 정치팀장 이태희는 「당신 80년대에 뭐 했어?」라는 칼럼에서 이 말을 소개하면서 새정치민주연합 혁신위원회가 제기한 '정체성'이란 기준에 대해 의문을 제기한다. 그는 "이런 감정은 새정치연합의 '비주류'들 대부분을 관통하는 동일한 정서다. 비주류라 불리는 이들의 면면을 보면 거의 변호사, 관료 등의 전문가 출신 그룹이다. 새정치연합에서 정체성을 묻는 질문은 바로 30년 전인 '80년대에 뭐 했느냐는 질문으로 연결되곤 했다"라며 다음과 같이 말한다.

" '싱귤래리티Singularity 포인트'란 개념이 있다. 기계의 능력이 인간의 능력을 넘어서는 지점이다. 그다음부터는 '터미네이터의 시대'라고 보면 쉽겠다. 정말 무서운 시대다. 싱귤래리티 시대에 인간이 할 일을 연구하는 '싱귤래리티 대학'을 세운, 구글의 기술담당 이사인 레이 커즈와일은 그 시점을 2045년이라고 예언하고 있다. 이게 불과 30년 남았다. 지금, 한국의 미래를 위해서는 30년 전의 '80년대에 뭐 했느냐고 묻는 이들이 아니라, 30년

뒤에 올 그런, 싱귤래리티 시대를 대비해 '무엇을 할 것
인가'를 고민할 이들이 우리 정치권에 필요하지 않을까?
새누리당도, 새정치연합도 그런 변화에 대비할 수 있는
이들에게 손을 내미는 일이 우선돼야 하지 않을까 싶
다."[13]

"당신 80년대에 뭐 했어?"

노골적으로 면전에서 "당신 80년대에 뭐 했어?"라고 묻
는 사람은 많지 않지만, 오히려 그게 더 문제다. 차라리
면전에서 그러면 논쟁이나 가능할 텐데, 그런 도덕적 우
월감을 내면화시켜 그 기반 위에서 세상을 바라보기 때
문에 소통이 매우 어렵다. 당연히 변화에 대비할 수 있는
이들에게 손을 내미는 일도 '정체성'과 '선명성'을 훼손
하는 일로 간주된다. 이와 관련, 조성주가 2015년 8월
『한겨레』가 제작하는 시사 팟캐스트 방송 〈디스팩트〉에
출연해 한 말이 의미심장하다.

　　조성주는 "586 정치인들과 얘기를 나누다 보면 깜짝
깜짝 놀랄 때가 있다"라며 "(586 정치인들은) 예전에 노동
운동이나 민주화운동을 했던 경험을 얘기하며 '노동자

들이 이기적인 모습을 보일 때나 빈민 운동하는 사람들이 이해관계에 집착하는 것을 보고 실망했다'고 말하곤 한다"라고 밝혔다. 그는 이어 "그럴 때 보면 '아, 이분들은 사람들의 그런 이기적인 순간들을 용납을 못 하시는 건가. 그런데 이분들이 정치하는 모습을 또 그런 거랑 전혀 상관이 없는데, 도덕적 우월감만 있는 건가' 싶다"며 "이분들은 그러니까 옛날이야기밖에 할 게 없다"라고 지적했다. 그는 아울러 "그런 분들의 과거는 20대 학생운동을 했던 몇 년의 경험들이 아니냐'고 반문하면서 "그런 얘기를 반복하는 것을 보면 한 사람의 내면에 쌓인 도덕적 우월감이나 선민의식이 오래가는 것 같다고 생각한다"라고 설명했다.[14]

586 정치인들만 그러는 게 아니기에 문제는 더욱 심각하다. 도덕적 우월감이나 선민의식은 새정치민주연합의 생활 이데올로기라고 보는 게 옳을지도 모른다. 그래서 변화에 대비하고 변화를 추진해야 할 사람들마저 "당신 80년대에 뭐 했어?"라는 추궁에 대비하기 위해서인지 보수에 대해 호전적인 자세를 취하며 거친 언어를 구사한다. 밖에서는 '싸가지 없는 진보'라고 비판하지만, '싸가지 없음'은 도덕적 우월감이나 선민의식의 표현이

기에 그런 비판이야말로 싸가지 없는 게 되고 만다.

새정치민주연합이 "당신 80년대에 뭐 했어?"라고 묻는 동안, 1980년대를 아예 겪지도 못한 청년들은 심지어 '헬조선'이라는 표현마저 수긍하기에 이르렀다. 이태희는 이렇게 말한다. "지금의 한국은 '지옥'이다. 2030세대들은 이 나라를 '헬조선'(hell+朝鮮)이라고 부른다. 10대의 교육지옥, 20대의 취업지옥, 30대의 주거지옥이다. 서울시가 지난해 11월 발표한 '서울시민 연령별 사망원인'의 세대별 1위를 따져보면 10~30대는 자살, 40~70대 이상은 암이었다. '견디면 암, 못 견디면 자살'이란 말이 나온다. 여기에 답을 내야 하는 것이 정치의 임무다."15

그런데 정치는 무엇을 하고 있는가? 완벽한 직무 유기 상태에 빠져 있다. 그래서 이태희는 "내가 '헬조선'이란 표현에 공감하는 것은 미래를 향한 꿈을 잃어버린 '미래지옥'으로 가고 있는지도 모른다는 섬뜩한 예감 때문이다"라고 개탄한다.16 모처럼 만난, 아주 좋은 글이라고 생각하던 중, 이 칼럼에 달린 댓글 하나가 눈길을 끈다.

"기자는 이 나라 정치판이나 그 속에서 밥벌이하는 정치인들의 수준이 서방 선진국 수준인 줄 착각하고 있다. 지금 야당은 hell조선 같은 것에는 관심이 없으며, 아

니 헬조선이란 가치가 있는지도 모르며 제1야당의 혁신
은 기득권 지키는 것이다."

이 댓글도 씁쓸하지만, 이 댓글에 대한 지지가 압도
적으로 많은 걸 보니 더욱 씁쓸하다. 어찌해야 이 거대한
불신의 벽을 넘어설 수 있을까? 진보정치권 내부의 싸움
이 헬조선을 넘어서는 방법의 차이에서 비롯된 것이라면
우리는 얼마든지 인내할 수 있다. 그러나 그 싸움이 현실
과는 동떨어진 내부의 정체성과 선명성을 두고 벌어지고
있기에 사람들이 등을 돌리는 게 아닐까?

"이데올로기 없이 세상을 바꿀 수 있다"

정체성과 선명성에 약방의 감초처럼 따라붙는 게 이념성
인데, 한국 사회에서 이데올로기는 도덕적 우월감을 만
끽하기 위한 인정투쟁 그 이상의 의미는 없다. 그렇다면
정당들 간 이데올로기 차이, 즉 색깔 차이도 무의미하거
나 필요 없단 말인가? 그런 이야기가 아니다. 정당정치
의 원론과는 너무도 다른 이데올로기 오남용의 실체를
꿰뚫어보자는 뜻이다.

좌파는 아주 오만한 자세로 진보라는 평가를 받기도

하는 사람들을 향해 '자유주의자의 한계'라거나 '시장주의자의 한계'라는 식의 딱지 붙이기로 구체적 논의를 대체한다. 어떤 이슈에 대한 구체적 논의를 위해선 공부를 해야 하는데, 그 과정을 건너뛰고 이념 공세로 모든 걸 때우려는 게으름을 피우면서 자신을 알아달라는 식이다. 이런 식의 이데올로기 오남용이 진보정치를 분열과 갈등으로 이끌어간 걸 수없이 목격했을 조성주는 "이데올로기 없이 세상을 바꿀 수 있다"라고 단언한다.

"마르크스주의가 됐든 뭐가 됐든 이데올로기가 나에게 강한 신념을 주고 그 방향으로 가는 게 세상을 바꾸는 것처럼 생각한 적도 있다. 진보정치도 그러한 흐름 속에서 분열되고 제대로 현실에 대응하지 못했다. 그러나 자주파니 평등파니 그게 도대체 사람들의 삶을 바꾸는 것과 무슨 상관이 있는 것일까. 무의미한 내부 논쟁만 반복해왔다. 우리가 대변해야 할 사회·경제적 약자들에게 얼마나 황당한 모습으로 비춰졌겠나."[17]

이에 대해 경희대학교 후마니타스칼리지 교수 김윤철은 놀라움을 표한다. "이념적 가치를 중시하는 진보정치 내부에서 나온 것으로서는 가장 파격적인 혹은 이단적인 주장이라 여길 수도 있다. 하지만 조 후보는 정확히

간파한 것이다. 서로 다른 이념과 이해관계를 대표하는 자들이 모여 공방을 벌이기에 정치의 영역은 생각의 옳고 그름과 맞고 틀림을 다투는 곳이 아니라는 것을, 보다 좋은 판단과 선택만이 필요한 곳이라는 것을, 그리고 그 좋은 판단과 선택은 서로 다름의 인정과 수용에 바탕해서만 이루어질 수 있다는 것을."[18]

옳은 말씀이다. 좀더 세게 말하자면, 이데올로기 없이 세상을 바꿀 수 있다기보다는 이데올로기가 없어야만 세상을 바꿀 수 있다. 다시 말하지만, 그간 이념은 진보의 인정욕구 충족의 수단으로 오남용되어왔다고 해도 과언이 아니다. 누가 더 이념에 투철한지를 놓고 경쟁하는 일이 많았고, 이게 바로 진보가 대중에서 멀어지는 결과를 초래한 것이다.

이념 과잉과 관련해 우리가 가장 경계해야 할 것은 약 100년 전 지그문트 프로이트Sigmund Freud, 1856~1939가 말한 '사소한 차이에 대한 나르시시즘narcissism of small differences'이다. 이 개념은 프로이트가 1917년에 만든 말로, 서로 가까운 공동체들이 오히려 끊임없이 반목하고 서로를 경멸하는 현상을 가리킨다.[19] '사소한 차이에 대한 나르시시즘'보다는 '사소한 차이에 대한 과도한 집착'이라는 번역이 이 현상을 이해하는 데 더 도움이 될 것 같다.[20] 이념이나 노선 투쟁이 '사소한 차이에 대한 과도한 집착'을 보이는 좋은 예다.

미국 사회학자로 영국에서 활동하고 있는 리처드 세넷Richard Sennett, 1943~은 영국의 여야 정당들이 주요 정책에서 내용이 대단히 유사한 표준 플랫폼을 공유하는 이른바 '플랫폼 정치'를 하고 있다고 말한다. 그런 상황에선 필연적으로 서로의 차이를 부각시킬 수 있는 수사법을 구사하는 '상징 부풀리기'가 이루어지는 가운데 정치는 '사소한 차이에 대한 집착'으로 전락할 수밖에 없다는 것이다.[21]

역설 같지만, 한국은 너무도 절박한 상황 때문에 정당 간 이념 차이가 별 의미를 갖지 못하는 상황에 처해 있다. 세계 최고의 자살률과 세계 최저의 출산율. 세계에서 수면 시간이 가장 짧고, 노동시간은 가장 긴 나라. 최저임금도 받지 못하는 노동자가 전체의 12.1퍼센트, 227만 명, 정규직에 한恨이 맺힌 비정규직이 전체 임금노동자의 45.4퍼센트, 852만 명. 이 문제를 해결하는 데 도움이 되는 건 이념이 아니라 민생에 기반한 구체적인 실천이다.

왜 진보는 실질을 배척하는가?

한국에서 '사소한 차이에 대한 과도한 집착'을 넘어 알린스키의 방법론을 활용하고자 한다면, 그 키워드는 '실질'이어야 한다는 게 내 생각이다. 박정희 정권 시절 중학교 때 매 맞아가며 외워야 했던 '국민교육헌장'(1968)에 '실질을 숭상하고'란 구절이 들어가 영 마땅치 않긴 하지만, 나는 오늘날의 한국 정치에 가장 필요한 것이 사기성이 농후한 이념·노선 투쟁을 집어치우고 대중의 고통을 직시하는 실질을 숭상하는 것이라고 생각한다.

물론 '실용주의'라는 말조차 욕이 되는 진보 진영에선 실질보다는 추상이 판을 친다. 심지어 경제를 다룰 때에도 그런다. 이 점을 고려대학교 교수 장하성이 잘 지적했다. "왜곡된 진보의 담론이 굉장히 많아요. 보수의 담론은 오히려 깨기가 쉬워요. 적어도 우리 사회에 근거해서 이야기를 하거든요. 반면에 진보는 존재하지도 않는 사실을 존재하는 것처럼 전제하고 논쟁하는 경우가 많아요. 일종의 허수아비 논쟁이죠."[22]

물론 그건 '메인드 인 서양'의 진보를 직수입해서 쓰다보니 생긴 일이지만, 엊그제 수입한 것도 아니고 수입한 세월이 반세기가 넘었으면 이제 좀 한국 현실에 대한 공부도 해야 하는 게 아닌가. 그런데 그 공부는 책만으로는 할 수 없는 것이기에 '이념에만 사로잡힌 진보'엔 쉽지 않은 일이다. 조성주가 바로 그런 '이념에만 사로잡힌 진보'의 울타리를 넘어섰다는 게 흥미롭다.

대학생 때 높은 등록금과 청년 실업 등 노동문제를 해결해야겠다고 결심한 조성주는 2010년 3월 대한민국 최초의 세대별 노동조합 '청년유니온'을 만들었다. 청년유니온은 아르바이트생으로 불리던 이들이 노동자라는 이름을 갖게 되도록 사회 인식을 바꾸었으며, 30분 만에 배달을 하느라 다치고 목숨을 잃은 청년들을 막기 위해 '피자 배달 30분제'를 폐지시켰으며, 커피전문점 아르바이트생들이 주휴수당(1주 동안 규정된 근무 일수를 다 채운 노동자에게 주는 유급 주휴일)을 받을 수 있게 싸우는 등 실질적인 변화를 이루어냈다.[23]

너무 작은 일 아니냐고? 그렇다. 그간 진보 진영을 지배해온 관점에선 분명히 그랬다. 그래서 노동운동과 진보 진영은 '분열주의', '개량주의'라는 비판을 퍼붓기도 했다. "민주노총 안에서 노조를 만들지 않은 것은 분열주의 아니냐, 그게 무슨 노조냐." "너희들 손에는 기름

때도 없는데, 너희가 무슨 노동자냐.” “편의점 아르바이트는 경험이지 그게 무슨 노동이냐.” “너희는 취업할 데도 많은데 눈높이가 높아서 그러는 것 아니냐.” 등등.[24]

이와 관련, 조성주는 “청년들과 대학생들이 ‘사회적 가치’, ‘조국의 미래’, ‘민중의 이익’을 위해 싸워야지 자신들의 이해를 위해 조직을 만든다는 것이 이기적이고 부적절하다는 것이었다”라며 이렇게 말한다. “그렇게 말한 사람들 가운데에는 노동조합을 만들어 노동자들의 자기 이익을 위해 싸우고 있거나, 시민단체를 만들어 공익을 위해 싸우고 있는 사람들이 있었다. 의문이 들었다. 그럼 그 공익이라는 것은 누구의 것인가? 노동자들의 자기 이익은 중요한데 예비 노동자 혹은 노동자가 되고 싶어도 되지 못하는 청년 실업자들의 자기 이익은 누가 대표해야 하는가?”[25]

이 말을 들으니, 1990년대 초 사적으로 나와 작은 논쟁을 벌였던 전북대학교 운동권 학생들이 생각난다. 당시 그들은 ‘조국, 민족, 민중’ 등과 같은 거대 화두에 집착하고 있었는데, 나는 그들에게 “왜 지방대 학생들이 서울 소재 대학들의 운동권이 주도하는 이슈를 따라가느냐? 지방의 문제로 차별화를 해야 하지 않느냐?”라고 주장했다.

물론 그들의 반응이 어떠했는지는 굳이 말할 필요가
없을 것 같다. 그들 역시 내 주장을 이기적인 것으로 간
주했을 것이다. 그들을 다시 만난다면, "왜 학생 운동권
출신으로 금배지를 단 사람들은 거의 대부분 인 서울 대
학 출신이냐?"라고 묻고 싶지만, 이 또한 이기적인 질문
으로 여겨질까? 그런데 거대한 단어들을 좋아하면서 실
질을 배척하는 운동권의 그 못된 버릇이 20여 년이 지난
지금까지 건재하다니, 이쯤 되면 일관성은 미덕이 아니
라 악덕이 아닌가 하는 생각마저 든다.

**"노회찬 · 심상정은 스타가 됐지만, 진보정당은 어떻
게 됐는가?"**

중요한 건 실질이다. 청년유니온의 활동으로 인해, 그간
정치권에서 완전 외면되어온 청년들의 문제가 달라지기
시작했다는 것, 그게 중요하다. 타협을 불순하게만 보아
온 그간의 운동권 체질에 변화가 있었다는 것도 긍정 평
가할 만하다. 조성주는 청년유니온을 만들게 된 과정과
계기에 대해 다음과 같이 말한다.

　"제가 97학번인데 군대 제대하고 오니 대학은 전혀

달랐어요. 선배들은 학생운동이 민주화운동의 선봉대다, 사회를 바꾸는 운동이다라고 말했는데 주변을 보면 등록금 벌려고 아르바이트를 네다섯 개 해요. 그때도 등록금이 높았습니다. 어마어마하게 치열한 학점 경쟁을 하며 살아요. 사회를 바꾸는 게 뭐야, 사실상 대학생은 취업준비생들이지, 그게 현실이지. 당시 학생운동이 통일운동, 노동운동과 연대해야 된다고 할 때였는데 저는 등록금 문제, 청년 실업 문제를 해결해야 한다고 말했어요."[26]

　　그간의 운동 노선에 비추어 본다면, 파격이요, 이단이다. 그가 노회찬과 심상정의 스타성이 당을 강화하는 데 성공하지 못했다고 밝힌 것도 그런 맥락에서 이해할 수 있지 않을까? 그는 "사실 지명도, 인지도, 경륜, 노련함 이런 거에 있어선 제가 부족하다는 건 솔직하게 인정해야 될 것 같다. 그런데 '그럼에도 불구하고' 제가 당 대표를 할 수 있다고 생각하는 건 리더십의 차이다. 이제 리더십은 '팀의 리더십'으로 가야 한다고 생각한다"라며 다음과 같이 말한다.

　　"쓴소리를 약간 섞으면 노회찬, 심상정 두 분 개인은 스타가 됐다. 그런데 '과연 그분들이 있었던 당은 성장했는가' 하고 질문한다면 저는 부정적인 답변밖에 못할 것 같다. 당대표는 스타가 필요한 게 아니라 조직의 리더로서 당을 끌어가는 게 중요하다. 조직은 결국 팀이다. 또 새로운 '2세대 진보정치'가 필요한 시기라면 그 시기에 맞는 리더십은 오히려 다른 경험을 가지고 노력했던 제가 더 알맞다고 생각한다. 출마선언문에 '민주주의 밖의 시민들', '광장 밖의 사람들'을 이야기했는데 그 사람들과 함께 정책을 만들고 싸워본 경험은 그분들보다 더 많다고 말씀드리고 싶다."[27]

이런 비판에 화답하듯, 『경향신문』은 조성주의 패배 직후 「조성주의 2세대 진보정치 도전 계속돼야 한다」는 사설에서 "정의당으로 대표되는 한국의 진보정치의 현실은 참담하다. 원내 제3당이라지만 2002년 지방선거에서 8.13%의 정당득표율을 기록하고, 2004년 17대 국회의원 선거에서 10석을 차지했던 민주노동당 시절에 비할 바 없이 지리멸렬한 상황이다. 진보정치가 뿌리내리지 못한 상태에서 잦은 이합집산과 해산, 낡은 이념에 대한 집착 등으로 풍파를 겪으면서 정상적인 정당의 모습을 상실했다"라며 다음과 같이 말했다.

"정당이라면 일정 정도의 의원, 당원, 지지자 그룹이 있어야 한다. 그래야 여론을 형성하고 시민들의 요구를 대변하고 지지자와 시민을 위한 정책을 만들 수 있다. 지금과 같은 체력으로는 온전한 정당의 모습을 갖출 수 없다. 한국 정치가 발전하려면 진보정치가 정치의 한 축으로 당당히 자리를 잡고, 기성 정치에 긴장을 불어넣어야 한다. 거대 여당인 새누리당은 행정부 견제 능력을 잃은 채 날로 보수화하고, 야당인 새정치민주연합은 길을 잃고 헤매고 있다. 덩치 큰 두 당이 다 변한다 해도 한국 정치 구조를 바꾸는 데는 한계가 있다. 보수 우위의 기울어진 사회에 최소한의 균형을 찾기 위해서도 진보정당이 의미 있는 규모로 존재해야 한다."[28]

왜 한국의 거대 정당들은 모두 그 모양 그 꼴이 되었을까? 아니 새누리당 걱정할 것 없다. 새정치민주연합은 도대체 왜 그러는 걸까? 정치의 우선적인 목적을 이데올로기와 노선 중심으로만 이해를 해온 탓과 더불어 앞서 지적한 '잠재적 경쟁자'의 원천봉쇄라고 하는 습속이 작용한 탓이다. 그러다 보니 선거가 닥치면 이기긴 해야겠다는 생각에서 '벼락공부 모드'로 돌입하는데, 이게 늘 한탕주의 냄새를 풀풀 풍기는 게 문제다. 유권자들에게 도무지 신뢰를 주지 못한다는 것이다. 다음 장에선 그런 한탕주의 문제를 살펴보기로 하자.

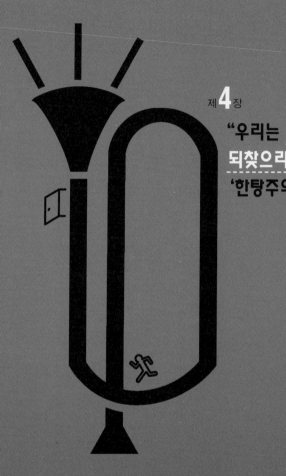

제**4**장

"우리는 한꺼번에
되찾으리라"라는
'한탕주의'

선거를 앞두고 벌이는 한탕주의 이벤트 쇼

나는 『싸가지 없는 진보』에서 "정치에 등을 돌린 유권자들을 정치 영역으로 끌어들이기 위해 어떻게 할 것인가?"라는 질문을 던지면서 정치 컨설턴트 박성민이 제안한 바 있는 '교회 모델', 즉 '서비스 모델'을 도입해야 한다고 주장한 바 있다. 박성민의 '교회 모델'은 무엇인가? 그는 "한국 교회의 제일 큰 역할은 바로 '생활 공동체'입니다. 이것이야말로 새로운 정당의 모습을 고민하는 이들이 주목해야 할 한국형 교회의 성공 비결입니다"라면서 다음과 같이 말한다.

"저는 결혼식, 장례식 때 교회만큼 완벽한 서비스를 제공하는 곳을 본 적이 없어요. 신도나 그 가족이 아프면 교인들이 와서 간병까지 해줘요. 친척보다 더 낫습니다. 그리고 교회는 지금은 사라진 한국의 '대가족제'를 유지합니다. 오늘 태어난 아이부터 내일 돌아가실 분까지 하나의 '가족'입니다. 실제로 서로를 '형제', '자매'라고 부릅니다. 정서적 유대감이 큽니다. 제가 다니는 교회는 아예 집을 한 채 구해서 상설 노인정을 운영합니다. 갈 곳 없는 노인의 거처로서 기능할 뿐만 아니라, 일상적으로 노인들이 교류하는 곳이에요.……어린이집을 운영하는 곳도 많습니다.……정당은 왜 교회처럼 못합니까? 무료 법률 상담, 문학 학교, 영화 학교, 댄스 학교 등 마음만 먹으면 못할 게 없을 거예요.……지금 한국의 정당은 재미를 주나요, 정보를 주나요? 아니면 새로운 네트워크에 참여할 기회를 주나요? 아무것도 없어요. 이런 상황에서 월 1만 원씩 내라고 하면 누가 선뜻 내겠어요? 재미, 정보, 네트워크를 준다면 1만 원 아니라 10만 원도 선뜻 낼 사람이 부지기수예요. 바로 한국형 교회가 그 증거입니다."[1]

어떤 분은 이 아이디어에 대해 '공직선거 관련 기부 행위 제한' 등과 같은 관련 법 때문에 할 수 없는 일이라고 했다. 그런가? 그러면 법을 고치면 되는 거지, 그게 무어 그리 큰일이란 말인가? 그거 손보는 김에 우리의 기부 관련 법들을 재점검해보는 것도 필요하다. 정부는 기부를 비리와 탈세, 경영권 보호 수단으로 활용하는 못된 관행을 규제하는 일에 심혈을 기울이다 보니 선의의 기부를 하려는 사람들마저 잠재적 범죄자로 취급하는 경향이 있다.[2] 그렇게 함으로써 기부 문화 자체를 죽이는, 빈대 잡으려다가 초가삼간 태우는 우를 범하고 있는 건 아닌가?[3]

문제는 법이 아니라, 정당들에 과연 그렇게 할 뜻이 있느냐는 것이다. 있을까? 있을 리 없다. 스스로 정치에 침을 퉤퉤 뱉어놓고 독식하려는 사람들이 무엇이 아쉬워 잠재적 경쟁자들이 될 사람들을 정당으로 끌어들이겠는가 말이다. 그걸 모르고서 했던 제안은 아니었지만, 밖에서 할 수 있는 일이 그런 조언 이외에 무엇이 있겠는가. 차라리 잠자코나 있으면 좋겠는데, 정치인들은 가끔 마음에도 없는 그럴듯한 말을 해대니 속는 줄 알면서도 또 속을 수밖에 없는 게 바깥사람들의 처지다.

2014년 7·30 재보선 참패 후 당시 새정치민주연합 의원 우상호는 "지역위원회를 봉사·서비스·교육 등 공적 기능을 하는 조직으로 바꿔야 한다. 당이 현장의 국민들을 도와줄 방법을 생각해야 한다"라며 "차라리 당직자들이 은행처럼 창구에 앉아 국민들의 민원을 받아 이를 구체적인 의정 활동으로 해결하는 게 어떠냐"라고 했다.[4] 그러나 이건 스쳐 지나가는 덕담 수준이었을 뿐, 이후 우상호는 자신의 제안을 실천하기 위한 그 어떤 노력도 하지 않았다.

"진보정당은 풀뿌리정치를 해야 하며, 중앙당의 상근자들이 지방에 내려가 지구당을 하나씩 꿰차고 해야 풀뿌리정치가 이뤄진다."[5] 2008년 6월 촛불 집회 관련 토론회에서 성공회대학교 겸임교수 정태인이 한 말이다. 촛불 집회와 관련해 쏟아져 나온 수많은 주장 중 내가 가장 높은 점수를 주었던 말인데, 물론 진보정당들은 하방下放은 아예 신경조차 쓰지 않은 채 중앙의 헤게모니를 둘러싸고 내부 이전투구泥田鬪狗를 벌이느라 철저하게 망가졌을 뿐이다.

왜 그럴까? 그 이유를 다른 각도에서 찾아보자면 '한탕주의' 또는 '한방주의' 때문이다. '서비스 모델'에 뜻이 있다 하더라도 그걸로 효과를 보기엔 시간이 오래 걸린다. 그걸 못 견디는 것이다. 어떤 정당이건 내부 혁신을 외치는 건 꼭 선거가 임박해서다. 선거에서 이기기 위해 혁신, 아니 혁신을 한다는 인상을 유권자들에게 주려고 몸부림을 치는 이벤트 쇼를 벌이는 것이다.

혹자는 국회의원의 본분은 그게 아니라는 반론을 펼

수도 있겠다. 정당이나 국회의원이 지역구 풀뿌리에만 신경 쓰면 국가적 문제를 생각하고 다루어야 하는 본연의 업무가 소홀해질 수 있다는 반론 말이다. 한마디로 말해서 그건 '사치'다. 정당과 국회의원이 그간 얼마나 그런 일을 잘해왔다고 그게 반론이 될 수 있단 말인가? 그래서 정당에 대한 국민적 신뢰도가 겨우 한 자릿수에 머물고 있단 말인가? 지금 우리에게 가장 절박한 건 '시민 있는 민주주의'의 토대를 만드는 일이다.

왜 정당과 정치인을 메르스처럼 대하는가?

"제가 오늘 새벽 1시 50분에 의성에서 새벽기차를 타고 서울에 왔습니다. 기차 타고 오는 중에 이상하게 눈물이 나더군요. 어쩌다 시골에서 소 키우고 땅 일구는 이 촌부한테 대한민국 제1야당이 혁신을 자문하는 지경에 이르렀을까 생각하니 주체할 수 없이 눈물이 흘렀습니다."[6]

　2015년 6월 12일 새정치민주연합 혁신위원회 첫 회의가 열리던 날, 임미애가 한 말이다. 임미애를 비롯한 혁신위원들의 이타적인 노고에 경의를 표하고 싶다. 사방팔방에서 쏟아지는 비판에 얼마나 피곤하랴. 그럼에도 혁신위를 비판하지 않을 수 없어 정말 괴롭다. 총선 승리를 위한 보여주기식 혁신도 그 나름의 의미는 있겠지만, 그런 방식으론 안 된다는 내 생각을 피력하기 위해선 비판이 불가피한 점을 이해해주시기 바란다.

새정치민주연합이 김상곤 혁신위원회를 출범시키면서 내건 슬로건은 '육참골단肉斬骨斷(자신의 살을 베어주고 상대의 뼈를 끊는다)'이다. 서울대학교 교수 조국이 제안한 것이지만, 문재인 대표가 "육참골단의 각오로 임하겠다"고 말함으로써 사실상 혁신의 기본 노선이 되었다.[7] 자신의 살을 베어주는 건 각오의 문제를 넘어서 조국의 '현역 의원 40% 이상 물갈이'론이 시사하는 바와 같이 혁신의 핵심 의제가 되었기 때문이다.

이와 관련, 성공회대학교 교수 정해구는 「새정치민주연합의 '마지막 혁신'」이라는 『경향신문』 칼럼에서 "김상곤 혁신위가 가장 중점적으로 수행해야 할 혁신 과제는 내년 총선을 대비한 공천 혁신의 방안을 제시하는 문제"라며 다음과 같이 말한다.

"그러나 여기에서 보다 중요한 것은 그 방안만큼이나 그 수준이 중요하다는 점이다. 물갈이 여론이 드높은 국민의 요구 수준과 이에 대해 당연히 저항할 당내 현역

의원들의 이해가 충돌하는 모순적인 상황에서 국민의 요구를 어떻게, 어느 정도 관철해낼 수 있는가가 바로 그 문제다. 당이 분열되지 않는 최저선을 지키면서도 높은 물갈이를 요구하는 국민의 기대 수준에 최대한 부응할 수 있는 엄정하고 공명정대한 공천 혁신의 방안 마련이 필요한 것이다."[8]

　새정치민주연합의 혁신을 바라보는 민심을 잘 대변해준 말이 아닌가 싶다. 사실 물갈이가 곧 혁신으로 통하는 건 어제오늘의 일이 아니다. 정치혐오를 넘어서 정치저주가 일상화된 한국 사회의 오랜 전통이다. '40퍼센트 이상 물갈이론'에 동의하냐고 주변에 물어보라. 동의하지 않는 사람을 찾기 어려울 것이다. 심지어 100퍼센트 물갈이를 해야 한다고 주장하는 사람도 많다. 그런데 이게 과연 혁신일까?

　'물갈이'란 말 자체가 잘못되었다. 우리는 물은 그대로 두고서 '고기갈이'를 하는 걸 물갈이라고 부름으로써 스스로 우리 자신을 속이고 있다. 썩은 물, 썩은 시스템을 그대로 두고 아무리 새 고기를 넣어보아야 달라지는 건 전혀 없다는 건 지난 수십 년간 질리도록 목격해온 사실임에도 선거 때만 되면 그걸 까맣게 잊고서 고기갈이

를 요구하면서 그걸 물갈이라고 부르고 있는 것이다.[9]

잘못된 말일망정, 일단 논의를 위해 계속 써보자. 우리는 사회의 어떤 곳이 아무리 부패와 무능의 악취를 풍긴다 해도 물갈이를 주장하진 않는다. 사안별 응징만을 요구할 뿐이다. 국민적 분노를 유발한 대형 사건들이 터졌어도 우리는 관료나 군 엘리트의 물갈이를 요구하진 않았다. 타락과 무능으로 비판받는 대학이 있다고 해서 해당 대학 교수의 40퍼센트, 아니 4퍼센트 물갈이조차 주장하지 않았다. 그런데 왜 우리는 유권자의 손으로 뽑은 사람들에게 유권자도 아니었던 사람들이 나서서 물러날 것을 요구하는가?

더 의아한 건 그런 정도의 물갈이는 늘 선거 때마다 벌어졌던 일이며, 그래도 달라진 건 전혀 없었는데도, 왜 선거만 다가오면 물갈이를 외쳐야 하느냐는 것이다. 역대 총선 이후 구성된 국회에서 현역 의원 비율은 40~54퍼센트에 불과하며, 현재 국회는 비례대표를 포함해 초선 의원이 절반을 살짝 넘긴 151명이나 된다.[10] 그런데 그간 무슨 변화가 있었다고 또 물갈이 타령을 한단 말인가?

답은 간단하다. 우리의 민주주의는 '시민 없는 민주주의'기 때문이다. 시민은 평소 정당과 정치인을 메르스처럼 대하면서 선거 때만 표를 던지고 후닥닥 손을 씻는 구경꾼에 불과하다. '시민 있는 민주주의'로 나아가는 것은 대한민국을 전면 개조하는 것만큼이나 어려운 일이라고 지레 포기하고, 구경꾼들의 박수를 받을 수 있는 일에 몰두하는 게 지금껏 우리가 보아온 혁신의 전부였다. 유권자들이 그런 보여주기식 이벤트에 염증을 내자 혁신을 부르짖는 말들은 갈수록 과격해지고 있다.

이런 혁신은 유권자들을 존중하는 것 같지만, 실은 그들을 응석받이 어린애처럼 여기면서 영원히 구경꾼에 머무르게 하는 것에 불과하다. 정치혐오에 기반한 혁신은 일시적인 화장의 효과는 낼 수 있을망정 그만큼 높아진 기대 수준에 부응하지 못해 좌절과 환멸의 악순환을 가져오고, 종국엔 부메랑으로 돌아와 청년 정치의 가능성을 죽이고 만다.

유권자들에게 아첨만 할 것이 아니라, 그들에게도 요구할 게 있다는 발상의 전환이 필요하다. 혁신은 대중의 일상적 삶에서 '정당·정치인의 메르스화'를 깨는 시도에서부터 출발해야 한다. 그것 없인 민의를 반영하는 시스템과 '게임의 룰'을 세우는 일 자체가 원초적으로 불가능하기 때문이다. 그런 큰 그림을 그려 제시하면서 유권자들의 인내와 참여를 낮은 자세로 요구해야 한다.

어느 세월에 그 일을 할 수 있느냐고? 맞다. 바로 이런 반문이 모든 문제의 정답이다. 오직 다음 선거만을 내다보는 성급함과 그에 따른 참을 수 없는 가벼움, 그리고 그 과정에 연탄가스처럼 스며드는 계파 패권주의, 이게 바로 야당을 골병들게 만드는 주범이다. 주요 이슈에 대한 이렇다 할 대안도 없이 증오를 동력으로 삼는 '심판과 응징'에 몰두하다가 종국엔 일을 그르치는 건 지겨울 정도로 많이 보아온 장면인데, 혁신마저 그런 모델에서 벗어나지 못하고 있다. 우리는 학생들의 벼락치기 공부에 곱지 않은 시선을 보내면서 왜 정당의 혁신에 대해선 벼락치기 승부수를 보이지 않느냐고 몰아세우는 것일까?

목마른 사람이 샘을 파야 한다

운동권에서 불리는 「단결투쟁가」에 "우리는 한꺼번에 되찾으리라"라는 구절이 있다. 이 구절에 반대하는 조성주는 지금 당장 조금씩 되찾아야 한다고 말한다. "나는 이게 현실적으로 더 급진주의자라고 생각한다. 말로 급진적인 것은 누구나 할 수 있다. 알린스키는 그걸 구두선

식 급진주의자라고 표현했다. 나는 그게 제일 안 좋은 습관이라고 생각한다. 나는 솔직히 2030 논객이라는 이름의 화려한 언변과 글에 좀 회의적이다. 그것보다 현실에서 아르바이트 노동자의 체불임금 받아주고, 파견노동자의 불법파견 문제를 적발하고, 카드수수료의 현실화를 이야기하는 게 훨씬 급진적이라고 생각한다."[11]

그렇다. 우리는 '한탕주의' 또는 '한방주의'를 버려야 한다. 한꺼번에 되찾으려는 시도가 가능하다면 그것도 해볼 만한 일이긴 하지만, 그게 가능하지 않다는 건 이미 충분히 입증되었다. 우리는 조금씩 천천히 가더라도 올바른 방향을 지향하고 있는지를 물어야 한다. 우리는 지금 올바른 방향을 바라보고는 있는가? 아니다. 전혀 그렇지 않다. 우리는 올바른 방향조차 잡지 못한 채 엉뚱한 싸움에 모든 힘을 탕진하고 있다.

'한탕주의' 또는 '한방주의'에 중독된 기성 정치로는 우리는 진보할 수 없다는 게 분명해졌다. 결국 목마른 사람이 샘을 파야 한다. 절박한 상황에 놓여 있는 청년들이 나서야 한다. 민주노총과 한국노총으로 상징되는 1세대 노동운동은 박근혜 정부가 추진하는 이른바 '노동시장 구조개혁'에 맞서 투쟁하고 있지만, 국민적 호응은 없거나 매우 약하다. 왜 그럴까? 그 이유를 청년유니온 위원장 김민수가 잘 지적했다. 그는 "오늘날 노동의 대다수를 차지하는 주변부 노동자들은 정부가 추진하는 노동시장 구조개혁을 막아내는 싸움에 당장의 절박한 이해관계가 없다"라며 다음과 같이 말한다.

"이들은 해고요건 완화 정책과 무관하게 계약 기간의 만료와 문자해고 등 일상적인 고용 불안에 이미 노출되어 있다. 또한 연공 서열이냐 성과 중심이냐의 문제가 아니라 애당초 근속 기간과 숙련을 보상하는 임금체계 자체가 없다. 통상임금 문제도 마찬가지다. 대한민국에서 정기 상여금을 꼬박꼬박 받는 노동자가 전체의 몇 퍼센트나 되겠는가."

이어 김민수는 "정부의 기만적인 노동시장 구조개혁은 반드시 막아내야 한다. 1세대 노동운동이 무너지면 주변부 노동자의 삶은 지금보다 더 빠른 속도로 추락할 것이다. 하지만 더 나빠지는 것을 막아내는 것만으로는 충분하지 않다"라며 새로운 비전을 다음과 같이 제시한다.

"최악의 불평등과 무너져가는 사회경제적 약자의 삶은 한국 사회에 다음 세대 운동과 정치의 출현을 요구하고 있다. '2세대 진보정치'와 '2세대 사회운동'의 만남에 한국 사회의 미래를 새롭게 설계할 가능성이 있지 않을까. 변화에 대한 작은 희망을 놓치지 않고 한 걸음씩 나아가는 우리의 미래를 상상한다. 아주 오랜 시간 동안 냉소와 허무함에 시달리고 있는 우리들에게는 희망의 근거가 필요하다. 절망 속에서도 삶은 지속되기 때문이다."[12]

맞다. 나 역시 '2세대 진보정치'와 '2세대 사회운동'의 만남에 큰 기대를 걸고 있다. '청년유니온(노동)'과 '달팽이유니온(주거)'처럼 거대 구조보다는 의제 중심으로 문제를 해결하려는 활동이 필요하다. 진보는 구조에 더 신경 써야 하는 것 아니냐는 반론이 가능하겠지만, "누울 자리 보고 발 뻗어야 한다"라는 말로 답을 대신할 수 있겠다. 청년들이 각자도생의 길로 내몰린 현 상황에서 구조 타령은 허황된 선문답으로 흐를 수밖에 없다는 뜻이다.

"청년 세대가 '작은 승리'의 경험을 갖는 것이 중요하다"

역시 피부에 와 닿는 고민을 많이 해본 사람이 핵심을 보는 눈도 발달한 걸까? 청년유니온 사무처장 오세연과 민달팽이 주택협동조합 이사장 권지웅은 "청년 세대가 '작

은 승리'의 경험을 갖는 것이 중요하다"라고 말한다.[13] 정
말 반가운 말씀이다. 조성주 역시 "때때로 조직가는 일
반 대중들 속에서 지독한 좌절감을 발견하기 때문에 확
실한 싸움에만 내기를 걸어야 한다"라는 알린스키의 말
을 인용하면서 자신의 활동 원칙을 이렇게 천명한다.
"약자들의 싸움은 패배해서는 안 된다. 만약 패배할 것
같다면 무조건 도망치고 이길 수 있는 싸움만 골라서 해
야 한다."[14]

왜 이런 말씀이 반가운가? 그간 진보는 패배를 미화
하고 예찬하는 '자학의 문화'에 중독되어왔다고 보기 때
문이다. 일종의 비장미悲壯美를 느끼기 위해서일까? 일부
러 패배하기 위해 애쓰는 경우도 많았다. 분명한 패배인
데도, 그걸 '절반의 승리'로 애써 변명하면서 그 의미를
뻥튀기하는 일도 잦았다. 이른바 '정신 승리'도 정도 문
제지, 그건 참으로 어리석은 버릇이다. 중요한 건 '정신
승리'가 아니라 객관적 현실이다. 패배는 습관이 되며,
그 습관을 내면화하는 순간 '승리'가 아닌 '저항' 자체에
서 자신의 헌신의 의미를 발견함으로써 사실상 진보를
포기하는 결과를 초래하기 때문이다.

즉, 이른바 '자기 효능감self-efficacy'을 느껴야만 청년

들이 적극적인 참여에 뛰어들 수 있다는 이야기다. 자기 효능감은 개인이 어떤 구체적인 행동을 실행할 수 있는 능력이 있다고 여기는 자신감의 수준인데, 자기 효능감이 높은 사람은 아무리 어려운 일이 닥쳐도 그것을 피해야 하는 위협으로 받아들이는 것이 아니라 정복해야 할 흥미로운 도전으로 여긴다.[15]

이 개념에서 비롯된 '정치 효능감political efficacy', 즉 시민들이 정치에 참여하면 뭔가를 성취할 수 있다는 믿음을 청년들에게 주기 위해선 작은 승리나 성공이 절대적으로 필요하다. 미국 심리학자 칼 웨익Karl Weick은 「작은 성공들: 사회문제의 규모를 재정의하기Small Wins: Redefining the Scale of Social Problems」라는 논문에서 '작은 성공'의 중요성에 대해 이렇게 말한다. "작은 성공의 경험은 무게감을 줄이고('별거 아니군') 노력의 요구량을 감소시키며('이만큼만 하면 되네') 스스로 생각하는 능력 수준을 높인다('난 이것도 할 수 있잖아!')."[16]

그런데 진보는 작은 승리나 경험을 무시하는 정도가 아니라 아예 '개량주의' 운운하며 경멸하는 경향이 있다. 진보의 그런 버릇은 심리학에서 말하는 '자기열등화 전략self-handicapping strategy', 즉 자신의 자존심을 유지하기 위해 실패나 과오에 대한 자기 정당화 구실을 찾아내는 전략이다. 시험 기간에 대학가 술집이 더 붐빈다거나 시험만 다가오면 머리가 아프거나 배가 아프다고 말하는 수험생이 많은데, 이게 바로 '자기열등화 전략'의 좋은 예다.

자기열등화 전략엔 두 가지 유형이 있다. 말로만 하는 자기열등화 전략claimed self-handicapping과 실제 행동으로 옮기는 자기열등화 전략behavioral self-handicapping이다. 시험 공부에 태만한 학생이 있다고 가정해보자. 장애 여건이 없는데도 있다고 거짓 주장을 한다면, 이는 전자지만 후자는 술을 마신다든가 하는 방식으로 실제로 가시적인 장애 요인을 만들어낸다.[17]

한국 개혁 세력은 과연 이 두 가지 유형의 전략에서 자유로운가? 지난 대선 패배 직후 진보 진영은 이른바 '기울어진 운동장'이라는 변명을 내놓았다. 운동장이 진보 세력에 불리하게 기울어져 있기 때문에 공을 차는 선수는 상대편을 이기기가 어렵다는 것이다. 그렇다면 과거 두 번의 정권 창출은 어떻게 할 수 있었단 말일까? '헬조선'이야말로 진보가 활개칠 수 있는 최상의 조건이 아닌가? '기울어진 운동장'이라는 변명은 엄격한 자기성찰을 방해할 뿐만 아니라 자기열등화 전략의 일상화를

초래할 수 있다는 점에서 위험하다.[18]

　실패한 사람을 위로하기 위한 덕담을 너무 믿는 것도 문제다. 미국 발명가 토머스 에디슨Thomas A. Edison, 1847~1931은 "나는 실패한 것이 아니라 아직까지 작동하지 않는 실험 만 가지를 해봤을 뿐이다"라고 했는데, 그런 자세는 발명가에겐 미덕일 수 있어도 사회개혁을 위해 일하는 사람이 가져야 할 자세는 절대 아니다. 아일랜드 극작가 사뮈엘 베케트Samuel Beckett, 1906~1989는 "실패하라. 또 실패하라. 더 낫게 실패하라"라는 글귀를 책상 앞에 붙여두었다고 하는데,[19] 이 또한 작가에겐 꼭 필요한 태도일망정 개혁가나 운동가가 취할 태도는 아니다.

　왜 그런가? 개혁이나 운동은 혼자 하는 게 아니기 때문이다. "승리는 똥개도 춤추게 만든다On the day of victory no fatigue is felt"라는 말이 있다. 이탈리아의 외무 장관이었던 잔 갈레아초 치아노Gian Galeazzo Ciano, 1903~1944는 "승리하면 아버지가 100명이 생기지만 패전하면 아무도 알아주지 않는다"라고 했다. 미국 제35대 대통령 존 F. 케네디John F. Kennedy, 1917~1963도 똑같은 말을 했다. "승리하면 아버지가 100명이 생기지만 패배하면 고아가 된다는 옛말이 있다."[20]

이는 운동의 '눈덩이 효과'가 그만큼 무섭다는 뜻이기도 하다. 대중은 본질적으로 기회주의적이다. 아무리 옳은 일을 하더라도 늘 패배만 하는 세력의 곁엔 얼씬거리지도 않으려고 한다. 하지만 아무리 작은 일이라도 성공의 사례들을 계속해서 보여주는 세력엔 믿음을 보내주는 건 물론 동참하려는 생각마저 갖게 된다. 진보가 패배의 비장미 중독에서 벗어나지 않는 한 그들은 늘 세상 탓만 하면서 몰락하게 되어 있다.

'아래에서 위로' 올라가는 귀납적 개혁

승리의 경험이 전무한 상황에선 투표로 힘을 키우는 것조차 가능하지 않다. 권지웅은 20대의 낮은 투표율에 대해 이렇게 항변한다. "정치적 무력감이 큰 탓이죠. 내가 해서 될까? 이런 거죠. 젊은 세대들은 집단적 행위를 통해 뭔가를 얻은 경험이 크지 않아요. 정치적 행위를 통한 성공을 경험해본 적 없는 정체 상태의 시민에게 왜 투표하지 않느냐는 다그침이 통할 수 있을까요? 그렇지 않다고 봅니다. 투표에 관심이 없거나 할 수 없는 사람의 조건을 바꿔주는 방식으로 투표하게 해주는 것이 책임 있는 자세지요. '투표하라'고 다그칠 게 아니라 '왜 투표하지 못하는가'를 물어야 합니다."[21]

바로 그런 이유 때문에 '작은 승리'의 경험을 갖는 것이 중요하며, 따라서 구조 타령보다는 미시적인 각론에 충실해야 한다. 가려운 곳을 제대로 짚어서 긁어줘야 한다는 것이다. 그렇게 해서 형성되는 신뢰로 세력화를 이루고, 그렇게 결집된 힘으로 구조 개혁도 할 수 있는 것이지, 그런 기반이 없이 외쳐대는 구조 개혁은 양심의 알리바이를 확보하기 위한 마스터베이션으로 전락하기 십상이다. 그런 점에서 오세연의 다음과 같은 말도 경청할 만하다.

"20대 때 투표 안 했던 친구들이 30대가 넘으니까 열심히 하더라고요. 투표를 꼭 해야 하는 접촉점들이 생긴 거죠. 직장 다녀 보니까, 애를 낳아 보니까, 자기 문제화가 되는 겁니다. 정책이 내 삶에 미치는 영향이 와 닿아야 투표 동기 부여도 되는 거예요. 20대 때는 공동의 문제를 같이 해결하거나 어젠다로 형성하는 사회적 분위기가 차단돼 있죠. 우리 삶을 구체적으로 변화시킬 만한 정치와 정책의 힘이 작동하는지 사회가 먼저 고민해야 한다고 생각합니다."[22]

그렇다. 우리는 모든 분야에서 그간 우리가 중독되어온 '위에서 아래로'의 연역적 개혁을 의심하면서, '아래에서 위로' 올라가는 귀납적 개혁을 시도해야 한다. 연역적 개혁과 귀납적 개혁은 둘 다 일장일단一長一短이 있지만, 청년들이 정치를 쓰레기로 여기면서 각자도생을 택한 상황에선 귀납적 개혁은 선택의 문제가 아니라 당위다. 무엇보다도 정치에서 소외당하고 스스로 소외한 대중이 관심과 더불어 참여 의욕을 보이는 동력은 오직 '피부에 와 닿는 실감'이기 때문에 더욱 그렇다.

그런 노력과 성과가 축적이 되면 청년들이 대거 정당으로 쳐들어가는 일은 저절로 가능해진다. '작은 승리'의 경험들이 모이고 모여 정치는 '너희의 것'이 아니라 '우리의 것'이며, 정치를 통해 우리, 아니 나의 문제를 해결할 수 있다는 믿음이 폭넓게 공유된다면, 어찌 정치를 사랑하지 않을 수 있겠는가 말이다. 서울시 양천구에 사는 최 모 씨(26)는 투표를 포기하면서 "이제 젊은이들이 정치인에 속아 섣부른 희망을 품을 만큼 어리석지 않다"라고 했다.[23] 옳은 말씀일망정, 이 말은 정치를 '너희의 것'으로 간주한 발상에서 나온 것이다. 정치를 '우리의 것'으로 간주한다면 속을 일이 무엇이 있단 말인가?

20대가 정치를 '너희의 것'으로 여기는 이면엔 박약한 자기 권리의식이 자리 잡고 있다. 속된 말로 정당한 '자기 밥그릇 챙기기' 의식이 약하다는 것이다. 2008년 프랑스 대학생들은 자신들의 주거권을 요구하며 시위를 벌였다. 당시 프랑스 대학생 숫자는 220만 명에 달했지만 하숙집이나 기숙사 등에서 독립해 살고 있는 학생은 15만 명에 불과했다. 학생들은 자신들을 위한 집을 지어달라고 요구하는 포스터에 부모 집에서, 그것도 부모 사이에서 섹스를 하는 대학생들의 모습을 그렸다. 수업 시간에 대학생들에게 프랑스 대학생들의 이런 투쟁과 그들이 만든 포스터를 보여준 엄기호는 "모두가 경악을 하였다"라며 다음과 같이 말한다.

"한국 학생들은 단 한 번도 자신들이 그러한 권리의 주체라는 생각을 해본 적이 없었기 때문이다. 자신들이 누려야 할 권리의 범위는 주로 공부와 관련된 것들이다. 등록금이 낮아지거나, 더 좋은 도서관이 지어지거나, 대학생은 공부하는 사람이라고 생각하다 보니 공부와 관련된 권리 '만'이 자신들의 권리라고 생각해왔다. 대학생들이 공부 '도' 하는 존재가 아니라 공부 '만' 하는 존재라고 생각하기 때문에 사랑은 그들의 권리 목록에서 누락되어 있다."[24]

청년이 "늙은 정당의 주름살을 가려주는 비비크림"인가?

인간의 본능이라 할 사랑에 대해서도 그럴진대, 정치에 대해선 더 말해 무엇하랴. 정치를 '너희의 것'으로 보는 관점에선 청년들이 정당으로 쳐들어가야 한다는 말이 '청년 정치인'이 많이 탄생해야 한다는 주장으로 들리겠지만, 그게 아니다. 정치를 '우리의 것'으로 새롭게 보는 '관점 혁명'부터 시작해보자는 것이다.

　　말이야 바른 말이지만, '청년 정치인'론은 그간 지겨울 정도로 반복되어온 레퍼토리다. 그것도 꼭 선거를 앞두고서 말이다. 그간 정당들이 선거를 앞두고 경쟁적으로 쏟아놓은 청년 정책들은 실천되었는가? 그럴 리 만무하다. '청년'을 띄우는 건 늘 선거를 앞두고 벌이는 상습적인 이벤트에 불과한 것이니 말이다. 정치인들은 입만 열면 '청년 정치인' 육성의 필요성을 말하지만, 그런 육성의 주체가 존재하는지도 의문이다. 이와 관련, 전 새누리당 비상대책위원 이준석은 "정치권에서 '육성'이 잘될 것 같지 않다"라며 "의원들 본인조차도 '파리목숨'이

라고 생각하는데 누가 누구를 육성하겠느냐"라고 반문한다.[25]

물론 선의를 갖고 청년 정치인의 필요성을 역설하는 의원들이 없는 건 아니다.[26] 예컨대, 새정치민주연합 의원이자 전북도당 위원장인 유성엽은 2015년 4월 전북대학교에서 가진 특강에서 학생들에게 다음과 같이 말했다.

"청년의 목소리를 대변할 청년 정치인 할당제를 실행하는 것이 청년 실업률, 정규직-비정규직 문제를 해결할 수 있는 해법이다. 이 자리에 참석한 학생들 중에 관심이 있는 사람은 일단 새정치민주연합의 권리당원으로 등록한 후 지역에서 열리는 회의에 참여함으로써 자신을 알리고 어필하라. 젊은 국회의원이 되지 말란 법이 있느냐, 책임지고 청년할당 공천을 하겠다."

좋은 뜻으로 한 말이겠지만, 그런 정도의 말씀으로 청년들의 참여를 이끌어내긴 어렵다. 이 특강을 들은 전북대학교 학생 김유섭은 "이 발언은 일면 타당하지만 청년들이 정치 참여를 할 수 있는 처지에 놓여 있는지에 대한 고민이 부족한 듯하다"라며 다음과 같이 말한다.

"청년 실업자가 44만 명에 육박하고, 청년 실업률이 10%대를 웃돌고 있는 각박한 상황에서 생존을 위해 각자도생하는 청년들에게 정치 참여는 그림의 떡이 될 수밖에 없다. 그런 절박한 처지를 고려하지 않은 채 정치 참여의 필요성을 역설하는 건 두루미에게 넓적한 접시에 음식을 담아주는 꼴이며, 여우에게 목이 긴 그릇에 음식을 담아주는 꼴이다."[27]

전북대학교 학생 김신철은 "젊은이들에게 정치 참여의 당위성만을 주장한다고 그들이 발 벗고 정치에 뛰어들진 않을 것이다"라며 이렇게 말한다. "그것은 축구를 좋아하는 학생을 어르신들의 게이트볼 대회에 참가시키는 것과 같다. 경기의 룰이 다르지만, 일단 젊은 세대들에게 정치가 매력적으로 보이지 않는다는 것이 가장 큰 문제이다. 진보 진영은 여전히 옛 민중가요를 부르고 있고, 보수 진영은 수학여행 장기자랑만도 못한 유행가와 개그 따라하기를 보여준다. 청년들에게 전혀 소구점이 없는 퍼포먼스인데, 이들은 스스로 만족한 듯 보인다."

선거철 이벤트의 결과로 청년 정치인이 탄생했다 해도 탄생의 순간 이후 '청년'은 저주받은 단어로 전락하는 게 우리의 현실이다. 이와 관련, 김신철은 "한국 정치에서 '젊은 정치인'이란 늙은 정당의 주름살을 가려주는 비비크림 같은 존재다. 하나같이 잘생기고, 학벌 좋고, 성공했다고 소개된 젊은이들은 정치적인 목소리보다, 기존 당원들의 평균연령을 낮춰주는 정도의 역할만 수행한 다"라며 다음과 같이 말한다.

"기존 '짬(경력)의 정치판'에서 젊은 정치인의 선택 지는 별로 없다. 빠르게 늙은 척을 하거나, 나이가 먹길 기다리거나, 젊음을 뽐내다가 다른 젊은이에게 자리를 내주는 것뿐이다. 그래서 젊은 정치인의 목소리를 찾기 힘들다. 다만 나이만 젊은 정치인들이 투명인간 취급당 하고 있을 뿐이다. 그러다 보니 젊은 세대들의 문제를 적 극 해결해줄 정치인들이 없다."[28]

청년을 위장용 액세서리나 소모품으로 쓰는 기성 정치권

그렇다. 정당들은 청년의 진입을 원천봉쇄하면서 선거 때만 청년을 "늙은 정당의 주름살을 가려주는 비비크림 같은 존재"로 이용하고 있다. 각종 법령이나 통계자료에 선 만 19세에서 34세를 청년의 범위로 정하고 있지만, 늙 을 대로 늙은 정치권에선 40대도 청년이다.

새정치민주연합 혁신위원회는 2016년 총선 때 지역 구와 비례대표를 포함한 국회의원(300명) 후보 중 10퍼센

트 이상을 청년 후보에게 할당할 것을 제안했지만, 새정치
민주연합에서 청년의 연령기준은 만 45세 이하다. 30대
인 혁신위원 이동학은 "58세 아저씨가 힙합바지를 입은
꼰대 정당이 지금의 새정치연합 모습"이라고 했지만, 새
누리당도 마찬가지다. 새누리당은 '청년위원회'로 부족
해서 '미래세대위원회'와 '대학생위원회'까지 따로 두고
있지만, 이 정당의 청년의 연령기준 역시 만 45세 이하
다. 초선 국회의원 비율이 54.3퍼센트로 절반이 넘지만,
초선의원 평균연령이 56.4세이니, 45세를 청년으로 보
는 것도 무리는 아니다.[29]

　이른바 '청년 마케팅'의 주도권을 새정치민주연합
에 빼앗긴 것에 화가 난 걸까? 새누리당 수석대변인 김영
우는 '청년 후보 10% 할당론'에 대해 "제도와 경선 방법
을 먼저 논의해야지 단순히 숫자를 제시하는 것은 의미
가 없다"라며 "건강하고 실력 있는 정치인이 아닌 정치
꾼을 양성하게 될 것"이라고 비판했다.[30] 이제야 그간 새
누리당이 해온 '청년 마케팅'의 속셈을 털어놓는 건가?

　새정치민주연합 혁신위원회의 제안은 긍정 평가할
만하지만, 그간 정당들이 해온 '청년 마케팅'이 자기보호
를 위한 책략이었다는 건 분명한 사실이다. 인 서울 명문

대학들이 '부잣집 자식들의 대학'이라는 말을 듣지 않기 위해 '지역균형선발'이니 '기회균등선발'이니 하는 이름으로 촌 학생들에게 특혜를 주는 것과 비슷하다. 그런 은폐공작 그만 하고 진실을 마주 대하는 게 어떨까? 45세를 청년으로 간주하는 무리를 범하기보다는 정치권의 연령을 확 낮추는 것이 옳지 않겠느냐는 것이다.

정치발전소 사무국장 김경미는 "정당은 선거 때마다 청년당원을 운동원으로만 동원한다. 그 결과 당에서 오래 활동한 친구들은 '정치낭인', '구태정치꾼'으로 낙인찍힌다"라며 "정치인이 되려는 인재들은 로스쿨에 가거나 '알아서' 당이 영입하고 싶은 인재가 돼 들어오는 수밖에 없고 그만큼 당에 대한 충성심도 약하다"라고 말한다.[31]

진보정당도 다를 게 없다. 멀리 내다보는 안목이 전혀 없다. 이에 대해 한윤형은 2013년 이렇게 말했다. "요즘 진보신당의 학생모임에서 활동하고 있는 친구 말을 들으니, 당에서 '88만원 세대의 문제'를 소리 높여 외쳐도 정작 학생들은 돈 들여 행사를 해도 잘 오지 않고 선거 때 별로 도와주지도 않기 때문에 당에서는 학생 사업을 달가워하지 않는다고 한다. 당장의 실익만 생각한다면 맞는 판단일 수 있다. 하지만 장기적으로 볼 때, 젊은 이들의 지지를 얻어내지 못하면서 어떻게 지지율을 쌓아가려고 하는가?"[32]

물론 지금도 마찬가지다. 정의당 전 부대변인 이기중은 "당에서 청년 정치인에게 기대하는 것이 있다. '전위대'처럼 급진적이고, 패기 있고, 실수도 할 수 있는 존재로 보는 대신 권한도 주지 않는다. 일종의 미성숙한 존재로 보는 것"이라며 "이번 당 대표 선거에서도 조성주 후보가 제기한 고용보험요율 인상·국민연금 소득 대체율 인상 반대 등에 대해서는 진지하게 토론되지 않았다"라고 말했다. 그는 "젊은 정치인을 '전위대'로 소모하는 것이 아니라 동등한 입장으로 대우해 의사결정 권한을 주고 책임지는 것을 훈련하도록 해야 한다"라고 말했다.[33]

이렇듯 한탕주의와 청년 정치는 극과 극의 대척점에 놓여 있다. 정당이 지금 당장 급하다는 생각으로 벼락치기 공부 모드로 들어가는 순간 미래를 위한 투자 마인드는 사라지고, 그 와중에서 청년은 위장용 액세서리거나 소모품 정도로 간주되는 것이다. 이런 상황에선 머릿수로 밀고 들어가는 수밖에 없다. 청년들이 정당으로 쳐들어가서 정치인의 특권 계급화부터 바로잡아야 한다. 그래야 권력을 만끽하는 세속적인 출세와 성공을 위해 금배지에 목숨을 거는 기성세대의 수를 줄이는 동시에 정치판 게임의 법칙의 합리화를 실현할 수 있다.

우선 국회의원의 대우는 영국 모델을 도입하는 건 어떨까? 영국 의원들에겐 운전기사는 물론 승용차 혜택도 없다. 심지어 하원의장조차 공무임에도 택시를 탄다. 『중앙일보』 런던 특파원 고정애는 「택시 타는 하원의장」이라는 칼럼에서 다음과 같이 말한다.

"일반 의원은 오후 7시 30분 넘어 회의가 끝났다고 입증해야 택시비를 받을 수 있습니다. 교통비만 빡빡한 게 아닙니다. 의원 연봉이 우리와 같은 1억 원이라지만 경제 수준을 감안하면 박봉입니다. 의원내각제니 일을 덜할 리 만무한데도 보좌진 인건비 총액은 2억 원에 불과합니다. 우리는 7,000만 원대부터 2,000만 원대까지 9명을 둡니다.……국회의원 욕하는 게 국민적 스포츠인 우리나라가 의도했든 안 했든 후하게 대접하고 있다는 생각이 듭니다. 더한 아이러니입니다."[34]

말이야 바른 말이지만, 한국의 국회의원은 사실상 스포츠 선수라고 해도 과언이 아니다. 물론 그 스포츠의 이름은 '국회의원 욕하기'다. 이 스포츠는 무조건 싸잡아 국회의원들을 욕하는 유권자들과 일부러 욕먹을 짓만 골라 함으로써, 즉, 앞서 말한 것처럼 정치에 침을 퉤퉤 뱉어놓음으로써, 일반 시민의 정치 참여를 방해하는 정치인들 사이에서 벌어지는 게임이다. 이제 이 한심한 게임의 종언을 선언할 때가 되었으며, 그 일을 청년들이 해내야 한다.

제5장

왜 『개천에서
용 나면 안 된다』는
'불온서적'이 되었는가?

청년 실업의 근본 문제는 '눈높이'에 있는가?

청년들이 전방위적으로 참여하는 청년 정치는 우선적으로 무슨 일을 해야 하는가? 청년 실업 문제를 해결할 수 있는 '킹핀kingpin'은 중소기업에 있다는 '진리'에서 출발해야 한다. "99%의 중소기업이 전체 근로자의 88%를 고용한다"는 뜻에서 '9988'이라는 말이 나올 정도로 중소기업이 중요하다는 데엔 만인이 동의하면서,[1] 왜 우리는 대기업에만 한국 경제의 목숨을 걸며 청년 실업 문제마저 중소기업을 제쳐놓은 채 생각하는 걸까? 참으로 이상하지 않은가?

구직자가 원하는 일자리와 기업이 필요한 인력 조건이 서로 어긋나는 '노동수급 미스매치(불일치)' 현상은 날이 갈수록 확대되고 있다.[2] 정부는 이 격차를 줄이기 위한 노력을 하지 않은 채 청년들의 '눈높이'만을 문제 삼고 있다. 아니 일부 국민들까지 덩달아 그런다.

"문제는 눈높이라고, 눈높이. 사람들이 자기 주제 파악을 못하고 너도나도 좋은 직장, 좋은 보수만 찾는 게 바로 문제라고. 중소기업이나 지방에 한 번 가봐. 공장에서 일할 사람을 못 구해 난리인데 뭐, 일자리가 없다고? 죽을까봐 불안과 공포에 떨고 있다고? 웃기는 소리 하지마." [3]

김태형이 『불안증폭사회』(2010)에서 "우리는 사람에 대한 놀라운 무지를 드러내는 이런 발언들을 주변에서 흔하게 접할 수 있다"라며 소개한 말이다. 진실을 말하자면, 눈높이를 낮추라는 주문은 주변에서 흔하게 접할 수 있는 정도를 넘어서 정부 취업 대책의 골간을 이루고 있을 뿐만 아니라 학생 취업률로 서열을 결정당하는 전국의 대학에서 줄기차게 외쳐지고 있는 구호다.

인터넷에서 '눈높이'를 검색해보면 가장 많이 등장하는 게 '국민 눈높이'이며, 이는 정부와 정치권을 비판할 때에 꼭 등장하는 신성한 근거다. 국민 눈높이는 절대적으로 존중받아야 할 지표이건만, 왜 구직자들의 눈높이는 끊임없이 하향을 요구당하는 걸까? 어차피 눈높이가 너무 높아서 생기는 문제의 책임은 온전히 그 눈을 가진 사람이 질 텐데, 왜 온 사회가 나서서 남의 눈 걱정을 해주는 걸까?

그런 눈 걱정을 많이 해주는 신문 중의 하나인 『조선일보』는 사설을 통해 "대졸자들이 취업 눈높이를 더 낮추고 스스로 다양한 취업 루트를 찾아내려는 노력을 하지 않는다면 대학 졸업장이 취업에 아무 쓸모없는 휴지조각이 되는 시대를 맞게 될 수도 있다"라고 경고한다.[4]

그렇게 말하는 선의는 이해하겠지만, 아무리 봐도 사회 전체를 생각하면서 진단과 처방을 내놓아야 할 언론이 할 말은 아닌 것 같다. 정상근의 『나는 이 세상에 없는 청춘이다』(2011)는 책에 나오는 다음과 같은 '세간의 상식'에 답을 하는 자세를 가져보는 게 어떨까?

"야 웃기지 마, 일단 좋은 기업을 들어가야 해. 솔직히 한 달 100만 원 주는 직장이랑, 250만 원 주는 직장이랑 얼마나 차이가 나는 줄 알아? 시작부터 좋은 데 가지 않으면 넌 평생 그 바닥에서 썩는다. 거기서 빠져나오는 게 얼마나 힘든지 몰라서 그래, 네가."[5]

배고파도 공정하면 인내할 수 있다

이 상식의 핵심은 '임금 격차'와 더불어 '발전 가능성' 또는 '희망'에 있다. 어느 취업 준비생은 "대기업만 고집하지 말고 눈높이를 낮추라는 어른들의 얘기는 '폭력'이나 다름없다"라고 했다. 눈높이를 낮추지 않는 것은 바로 그런 '폭력'에 대한 저항은 아닐까?

생각해보자. 한국 대기업의 중소기업 착취는 널리 알려진 비밀이다.[6] 전직 중소기업 CEO는 그 메커니즘을 이렇게 설명한다. "유수 대기업의 구매본부장 임기를 보라. 2~3년을 못 간다. 가장 큰 이유는 때가 되면 사람을 바꿔 납품 기업을 더 쪼는 구조에 있다. 새로 된 사람은 다시 납품 기업을 닦달한다. 그래야 본인이 산다. 그렇게 2~3년 하다 보면 '마른 수건 쥐어짜기'의 부작용을 우려하게 마련이다. 그때쯤이면 그 사람도 잘린다. 새로 온 구매본부장은 또 열심히 일한다."[7]

정부는 대기업의 중소기업 착취에 대해 그러지 말라고 말리는 시늉은 하지만 사실상 방관적인 자세를 취하고 있다. 가끔 공정거래위원회가 대기업의 불공정거래에 과징금 처분을 내리는 게 고작이다. 회사가 휘청할 정도로 과징금 액수가 높으면 대기업들도 착취 관행을 바꾸려는 시도를 해볼 텐데, 착취로 인해 얻는 게 훨씬 많으니 그럴 생각이 전혀 없다. 오히려 대기업과 거래하는 걸 영광으로 알라는 식이다.

국민도 정부의 그런 직무유기와 무능에 무관심하다. 그저 대기업을 밥벌이의 터전으로 삼는 데에만 정신이 팔려 있을 뿐이다. 우리는 모두 용이 되려고만 할 뿐 개천의 미꾸라지들은 죽든 살든 내팽개쳐 두는 집단적 습속을 갖고 있다. 사실상 전 국민적 합의하에 '미꾸라지 죽이기'가 일어나는 현실에서 눈높이를 낮추라는 말이 폭력으로 여겨지는 건 당연한 일이 아닐까?

아무리 낮은 곳에서라도 해볼 수 있다는 희망은 공정에서 생겨난다. 공정하지 않은 세상에선 한 번 매겨진 서열이 평생 간다고 믿는 사람들에게 희망을 주어야 한다. 우리 인간은 배불러도 공정하지 않으면 분노하지만, 배고파도 공정하면 인내할 수 있다. 다시 문제는 공정이다. 그런데 이 공정을 가로막는 게 한국의 '경제적 종교'가 된 '낙수효과落水效果, trickle down effect' 모델이다. 대기업에서 중소기업으로, 서울에서 지방으로, 국물이 떨어질 것이니, 중소기업과 지방은 그걸 받아먹으라고 해온 세월이 반세기가 넘었다. 이 모델을 그대로 두고선 청년 실업 문제 해결은 영영 풀리지 않는다.

청년 정치의 첫 번째 임무는 이 '낙수효과' 모델을

깨는 것이어야 한다. '대학 등록금', '청년 실업', '20대 탈정치화'라는 '절망의 트라이앵글'도 그 근원은 바로 지방을 내부 식민지로 만든 '낙수효과' 모델에 있기 때문이다. 이 모델이 깨져야 청년 실업의 근원이기도 한 이른바 '고등교육 버블higher education bubble'도 꺼진다. 고용노동부 조사결과에 따르면, 2020년 기업 현장에 고졸 인력 공급은 32만 명 부족한 반면 대졸 이상은 50만 명이 넘치게 된다.[8] 이는 학력에 따른 임금 격차를 줄이려는 노력과 더불어 고등교육 버블을 그대로 방치해선 안 된다는 것을 말해주는 게 아니고 무엇이랴.

왜 높은 대학 진학률이 사회적 비극을 가져오는가?

한국의 대학 진학률은 2005년 82.1퍼센트로 최고기록을 세웠지만, 2010년에 80퍼센트 벽이 무너지며 79퍼센트, 그 후 계속 하락해 2013년에는 70.7퍼센트까지 내려왔다.[9] 하지만 여전히 세계 최고 수준이다. 미국의 대학 진학률은 1940년 13퍼센트에서, 1970년 43퍼센트, 오늘날엔 70퍼센트 수준(2009년 70.1퍼센트)에 이르고 있다.[10]

　　대학 진학률이 세계 최고 수준인 한국과 미국은 이

른바 '고등교육 버블higher education bubble'이 심각한 나라
다. 미국 보스턴대학 경제학 교수 로런스 코틀리코프
Laurence J. Kotlikoff는 『세대 충돌The Clash of Generations: Saving
Ourselves, Our Kids, and Our Economy』(2012)에서 "젊은이들이
교육 거품으로 고통을 당하고 있다고 우려하는 전문가들
의 숫자가 늘고 있다. 인터넷 버블이 있고 주택 버블이
있는 것과 똑같이, 사람들이 교육 버블에 깊이 빠져 있다
는 것이다"라며 다음과 같이 말한다.

"아주 많은 사람들이 한때 높은 학력과 동의어가 되
다시피 했던 고소득과 안전이 더이상 보장되지 않는 학
위를 취득하기 위해 너무 많은 돈을 빌리고 있다. 교육
버블과 인터넷 및 주택 버블 사이에 유일한 차이가 있다
면 교육 버블은 아직 꺼지지 않았다는 사실뿐이다. 교육
버블이 꺼질 때, 우리는 새로운 종류의 문제에 직면하게
될 것이다. 대학 학위를 어떻게 차압할 것인가?"[11]

학생들이 대학을 졸업할 때 지는 빚이 너무 많다는
점에서 고등교육 버블은 사실상 '학생 대출 버블student
loan bubble'이라고 주장하는 이들도 있다. 이는 대학 등록
금이 치솟기 때문에 벌어진 일이다. 미국에서는 2011년
최초로 주립대학들이 학생들에게서 받는 등록금이 주 정

부의 지원금을 초과했는데, 이처럼 날이 갈수록 주 정부와 연방정부의 재정적 지원이 줄고 있는 게 등록금 고공행진의 주요 이유로 지목되고 있다.[12]

한국의 문제는 더욱 심각하다. 2013년 10월 취업포털사이트 인크루트가 대학교를 졸업하거나 재학 중인 20대 793명을 대상으로 설문조사를 실시한 결과, 조사대상의 74.8퍼센트가 4년제 대학교 입학을 후회해본 적 있는 것으로 나타났다. 대학교 진학을 후회하는 이유로는 '4년 동안 공부했지만, 원하는 직업을 찾지 못해서'가 46.7퍼센트로 1위를 차지했다. '취업이 어려워서(28.8퍼센트)', '등록금 때문에(9.4퍼센트)'라는 응답이 그 뒤를 이었다.[13]

특히 2000년대 말 연간 1,000만 원을 돌파한 대학등록금은 대학생들에게 고통과 절망의 근원이 되고 있다. 2015년 1월 취업포털사이트 '사람인'이 신입 구직자 891명을 대상으로 조사한 결과 46.8퍼센트(417명)가 빚이 있으며 1인당 평균 부채는 2,769만 원으로 집계되었다. '정상적인 경제생활이 어렵다'는 구직자도 29퍼센트였다. 이들은 현재 지고 있는 빚을 전부 상환하기까지 평균 5년 6개월이 걸릴 것으로 예상하고 있었다.[14] 이와 관련, 손 모(60대) 씨는 다음과 같이 말한다.

"2010년 아들이 대학에 합격했어요. 그 전까지는 어렵지만 빚 없이 살았는데, 학자금을 마련하기 위해 대출 광고에 눈을 돌렸어요. 연이자 48%에 선이자 36만 원을 제하고 564만 원을 주더군요. 원금 10만 원에 이자 30만 원을 합쳐 한 달에 40만 원씩 갚는데 2년 넘게 갚아도 이자는 줄어들지 않고, 삶은 피폐해졌어요. 아들놈 등록금 때문에 어쩔 수 없는 선택이었다곤 하지만, 이건 말이 좋아 대출이지 내 발로 살인행위나 다름없는 짓을 해대는 소굴로 들어갔음을 직접 당하고서야 알았습니다." [15]

지방의 문제는 더욱 비참하다. 이와 관련, 김성탁은 이렇게 말한다. "웬만한 가정에선 자녀의 서울살이 생활비밖에 감당할 수 없어 대학 등록금은 학자금 대출로 해결한다. 사회에 첫발을 딛기 전부터 빚을 지는 것이다. 다행히 수도권에서 취업에 성공하더라도 월급 받아 원룸비·교통비 등 생활비에 학자금 대출까지 갚고 나면 남는 게 없다. 집 장만은 고사하고 수천만 원씩 뛰는 전세 자금 마련도 먼 나라 얘기이니 부모의 지원 없인 결혼이 쉽지 않다. 지방의 부모와 서울의 자녀 모두 빈곤의 악순환에 빠질 위험이 상존한다. 고구마 줄기처럼 연결된

'지방의 비애' 뒤엔 '인in 서울' 대학 쏠림 현상이 자리 잡고 있다."[16]

한국의 이데올로기 전선은 좌우가 아니라 학벌이다

사실 한국의 학벌주의 문제는 '버블' 이상의 것이다. 민중을 위해 희생하는 진보가 되고 싶어도 일단 학벌이 좋아야만 지도자급 반열에 들 수 있다. 이는 학생운동이나 민주화 투사 출신으로 금배지를 단 사람들의 출신학교를 보면 금방 알 수 있는 사실이다. 이건 바뀔 수 없는 철칙처럼 여겨지고 있다. 학벌 없이 진보의 리더십을 행사하는 게 매우 어려운 현실이 시사하는 게 과연 무엇일까?

일단 기존 게임의 룰에 순응하고 나서 그 룰을 강요하는 체제를 바꾸겠다는 뜻을 탓할 순 없다. 다만 문제는 이 세상일의 대부분은 학벌주의라고 하는 게임의 룰에 순응하는 것에 의해 결정되며 이후 그 어떤 변화의 시도도 무력할 수밖에 없다는 데에 있다. 달리 말하자면, 학벌의 값을 떨어뜨리려는 노력이 우선되지 않는다면, 대중의 일상적 삶은 좋은 학벌을 쟁취하기 위한 입시 전쟁에 포획될 수밖에 없으며, 이는 변화의 동력 자체를 제거

한다는 것이다.

그런 의미에서 한국 사회의 제1차 이데올로기 전선은 좌우左右나 진보-보수가 아니라 학벌인 셈이다. 김규항의 표현을 빌리자면, "보수적인 부모는 자녀가 단지 일류대생이 되길 원하고, 진보적인 부모는 자녀가 의식 있는 일류대생이 되기를" 바라기 때문이다.[17]

우석훈과 박권일이 『88만원 세대: 절망의 시대에 쓰는 희망의 경제학』(2007)에서 386 세대를 다음과 같이 질타한 것도 학벌 문제에 관한 한 진보와 보수의 차이는 없다는 것을 말해준다. "386은 대학개혁에 대해 거의 아무런 청사진이나 의미 있는 노력을 개진하지 않았을 뿐만 아니라 오히려 학벌사회를 더욱 강화시키며 교육 엘리트주의를 강화시키는, 일종의 역사에 대한 배신을 행한 세대이다."[18]

이들이 기러기 아빠와 원정 출산 등의 행태를 이유로 386 세대를 강도 높게 비판한 것과 관련, 한윤형은 "진정한 문제는 386 세대가 자신의 이념을 배반했다는 것이 아니다. 오히려 그들을 시위에 나가게 한 욕망과 제 아이를 외국으로 보내서 교육시키도록 하는 욕망이 비슷하다는 것이 '진정한' 문제다"라며 다음과 같이 말한다.

"대한민국 교육에 대한 가장 급진적인 비판과 기러기 아빠의 욕망은 공존할 수 있을뿐더러 일맥상통하는 것이었다.……사적인 우여곡절이 있었겠지만 노동운동가 단병호의 딸이 검사가 되는 상황을 진보언론이 미담처럼 기사화하는 나라다. 부르주아에 대항하는 노동계급의 의식이 따로 존재하는 것이 아니라 모두들 노동계급을 뛰어넘어 '시민'이 되려고 한다." [19]

이렇듯 진보를 죽이는 학벌주의와 '고등교육 버블'을 유발하는 '낙수효과' 모델을 깨기 위한 첫 번째 행동강령이자 우리가 무슨 주문 외우듯이 외쳐야 할 구호는 바로 '하방'이다. 기존 서울 1극 체제와 그 당연한 귀결로 고착된 위계 · 서열 문화를 껴안고선 그 어떤 사회적 진보도 기대하기 어렵기 때문이다.

지금 당장 서울에서 지방으로 하방을 하자는 게 아니다. 그게 어찌 가능하겠는가. 하방을 위한 여건 조성부터 시작해보자는 것이다. 그런데 정부는 소탐대실小貪大失에 눈이 뒤집혀 이미 비대해질 대로 비대해진 수도권을 더욱 비대하게 만드는 짓을 당당하게 저지르고 있으니, 이걸 어찌할 것인가. 이 점에서 이명박 정권은 최악이었고, 박근혜 정권은 최악을 추월하려고 발버둥치고 있다.

"수도권 규제를 단두대에 올려 과감하게 풀자" 등 온통 대기업을 위해 규제를 풀겠다는 말과 행동뿐이다.[20] 수도권에서 지방으로 이전하는 기업에 지급하는 입지 보조금을 폐지하겠다고 하질 않나,[21] 대통령 소속 지방자치발전위원회는 되레 지방 발전의 발목을 잡고 있다.[22] 실제로 박근혜 정권 출범 이후 2015년 7월까지 발표된 정부의 투자활성화 대책 456개 중 수도권 규제 완화와 직·간접적으로 관련된 대책은 139개에 달한다.[23]

이대로 가다간 지방 경제가 '초토화'된다는 아우성이 쏟아지고 있지만,[24] 이런 문제에 대해선 어떻게 하겠다는 말은 전혀 없다. 대선 유세 땐 "지역화합과 국민통합을 위해서는 꼭 해야 할 두 가지 과제가 있다. 첫째가 지역균형발전이고 둘째가 공평한 인재등용이다. 두 과제를 실천하려는 의지와 능력이 없다면 헛공약이 되고 말 것이다"라고 해놓고선,[25] 이렇게 배신을 때려도 되는지 모르겠다.

그러나 배신은 박근혜 정권만 때리고 있는 게 아니다. 우리 국민 대부분이 '낙수효과' 모델의 사회적 버전이라고 할 수 있는 '개천에서 용 나는' 모델에 중독되어 있는 게 더 큰 배신이다. 지난 수십 년간 '지방 죽이기'를 한 주역들이 누구인가? 다 서울에 사는 지방 출신들이다! 지방이라는 개천에서 탈출해 서울로 가 용이 된 사람들이 자기가 살던 개천을 죽이는 데에 앞장서왔다는 말이다. 개천이 비참해지고 처참해질수록 자신이 이룬 성공의 보람과 희열을 만끽할 수 있기 때문일까? 나는 이런 배신을 고발하기 위해 지난 5월 『개천에서 용 나면 안 된다』는 책을 출간한 바 있다.[26]

"개천에서 용 나면 안 된다"

"나는 택시 아저씨의 좋은 이야기 동무다. 아마도 다른 사람 말을 들을 때, 습관적으로 고개를 끄덕이는 버릇 때문일 것이다. 오늘도 택시 아저씨는 학교를 가는 길에 '저기 풀밭에 핀 꽃의 이름을 아느냐'부터, '우리는 저것을 먹고 자랐다' 등의 이야기를 해주었다. 택시 아저씨는 피곤함이 가득한 젊은 친구의 모습이 안쓰러워서 힘을 내라고 한 말일 것이다. 하지만 내가 손에 들고 있는 책이 화근이 되었다. 『개천에서 용 나면 안 된다』라는 책을 들고 있었던 것이다. 젊은이를 응원하던 아저씨는 책표지를 보시고는 불온서적을 보듯 화를 내셨다. 아니, '젊은 사람이 열심히 해도 모자랄 판에……' 아저씨는 자신의 성공한 친구들부터, 친척의 친척까지 어려운 환경에서 성공한 사람들의 이야기를 해주셨다. '그러니 열심히 공부해야지, 자네 학생인가?' '아니요. 졸업했어요.' '그럼 학교를 왜 가……' 차마 이 책의 저자가 하는 강의를 듣는다고 말은 못했다. 강의실까지 쫓아오실까봐."

내가 매주 하는 '글쓰기특강'을 듣는 김신철이 쓴 「개천에서 용맞나」라는 글의 일부다.[27] 지난 2월에 졸업을 한 그는 이른바 '언론고시'를 준비하면서 내 특강을 듣고 있다. 읽다가 웃음을 빵 터뜨릴 정도로 재미있게 읽은 글이라 길게 소개했는데, 독자들께서 공감을 하실지 모르겠다.

나는 『개천에서 용 나면 안 된다』는 '불온서적'을 출간한 이후 새삼 놀라고 있다. 책에서도 "개천에서 용 난다"는 단순한 속담이 아니라 한국 사회를 움직이는 심층 이데올로기라고 했지만, 그 이데올로기를 일반 시민들의 반응을 통해 직접 체험하는 건 전혀 색다른 경험이었다. "개천에서 용 나면 안 된다"라는 말을 계층 이동과 평등에 반대하는 수구 꼴통의 논리 비슷하게 받아들이는 사람이 적지 않았다. 왜 한국 사회에서 보수와 진보를 막론하고 많은 이가 '개천에서 용 나는 세상'을 예찬하면서 그걸 정치적 슬로건으로까지 이용하는지 알 것 같았다.

내가 책 제목을 너무 선정적으로 붙인 걸까? 아니다! 나는 문자 그대로 "개천에서 용 나면 안 된다"라고 굳게 믿고 있다. 왜 그런가? '개천에서 용 나는' 모델은 '서울 대 지방'이라는 이분법에 근거한 사회적 신분 서열제와 더불어 "억울하면 출세하라"는 왜곡된 능력주의, 즉 '갑질'이라는 실천 방식을 내장하고 있기 때문이다. '개천에서 용 나는' 모델은 개천(지방)의 모든 자원, 특히 심리적 자원을 탕진할 뿐만 아니라 전 국민으로 하여금 개인과 가족 차원에서 용이 되기 위한 '각자도생各自圖生'에 몰두하게끔 함으로써 지역사회와 공동체를 파괴하기 때문이다.

'개천에서 용 나는' 모델에 대해 배은망덕背恩忘德을 범할 필요는 없다. 지난 고성장 시대엔 자신이 용이 되거나 자식을 용으로 만드는 게 꿈과 희망이었으며, 그 꿈과 희망 덕분에 우리는 세계에서 그 유례를 찾기 어려운 초고속 압축 성장을 이룩한 게 아니겠는가. '개천에서 용 나는' 모델에 대해 감사를 표해도 좋으리라.

그러나 이제 고성장의 시대는 끝났다. 과거 고성장

은 그런 '전쟁 같은 삶'을 역동성과 활력으로 여길 수도 있는 여유를 제공했지만, 이제 저성장low growth과 고용 없는 성장jobless growth의 시대에서 '개천에서 용 나는' 모델은 빈부 양극화를 심화시키고 '전쟁 같은 삶'의 내용과 방식마저 더욱 잔인하고 추악하게 만들 것이다.

지방을 개천으로, 서울을 용의 서식지로 여기는 '개천에서 용 나는' 모델은 지방민 스스로 지방을 죽이는 희대의 '국민 사기극'이자 지방이 '내부 식민지'임을 말해주는 증거와 다름없다는 걸 인정하고, 이제 새로운 삶의 방식을 찾을 때가 되었다.

'내부 식민지'의 기묘한 자학과 자해

우리 모두 가슴에 손을 얹고 생각해보자. 우리는 개천에서 더 많은 용이 나오는 걸 진보로 생각할 뿐, 개천에 남을 절대 다수의 미꾸라지들에 대해선 아무런 생각이 없다. 미꾸라지들의 돈으로 용을 키우고, 그렇게 큰 용들이 권력을 갖고 '개천 죽이기'를 해도 단지 그들이 자기 개천 출신이라는 데에 큰 의미를 부여할 뿐이다. 개천(지방)이 식민지로 전락한 이른바 '내부 식민지internal colony'의 기묘한 자학이자 자해다.

모든 이가 지역발전을 위해선 지역대학을 키우는 게 필요하다고 말한다. 이젠 기업이 대학을 따라간다며 산학협동의 중요성을 강조한다. "지역대학 경쟁력이 지역의 백년미래 결정한다"라는 말까지 나온다.[28] 경제학자 유종일은 "지역균형발전을 위해 반드시 필요한 것이 지방대학의 발전이다"라며 다음과 같이 말한다.

"지방 국립대학을 해당 지역 출신에게는 무상으로 함과 아울러 과감한 재정 지원으로 대학 경쟁력을 제고해야 한다. 각 지방의 특화 산업과 연계된 학문 분야를 집중 육성하는 특성화 전략도 필요하다. 그리고 공무원을 포함한 공공 부문 채용에 지역할당제를 전면적으로 반영함으로써 지방의 인재들이 지방대학에 진학할 강력한 유인을 제공해야 한다."[29]

차라리 이런 주장에 대한 반론이 나오면 모르겠는데, 그런 반론을 하는 사람은 아무도 없다. 입으로는 지역균형발전을 원한다고 하면서도 실제로는 지방에서 서울 명문대에 많은 학생을 보내는 걸 '지역발전전략'이라는 미명하에 서울에 학숙學塾을 지어주는 등 지역 인재 유출을 공격적으로 장려함으로써 사실상의 '지방대 죽이기'를 하는 이유는 도대체 무엇이란 말인가?

'개천에서 용 나는' 모델을 버리지 않는 한 지금의 과도한 학력·학벌 임금 격차와 정규직·비정규직 차별은 결코 사라지지 않을 것이다. "개천에서 용 나면 안 된다"라는 말은 용과 미꾸라지를 구분해 차별하는 신분 서열제를 깨거나 완화시키는 동시에 '개천 죽이기'를 중단하고 개천을 우리의 꿈과 희망을 펼칠 무대로 삼자는 뜻이다.

용이란 무엇인가? 그건 철저히 세속적인 출세, 즉 권력과 금력 기준으로 정의되는 개념이다. 용 밑에 반드시 존재해야 하는 '봉' 또는 '미꾸라지'를 전제로 한 개념이다. 제 아무리 사회를 위해 훌륭한 일을 한 시민운동가일지라도 우리는 그런 사람을 용으로 부르지 않는다. 시민운동으로 얻은 이름을 자산으로 삼아 국회의원이 되거나 지방자치단체장이 되었을 때 비로소 용이 되었다고 말한다. 우리는 이름 없이 낮은 곳에서 지역사회를 위해 헌신한 사람들을 용의 반열에서 배제하는 반면, 이기적이고 탐욕스럽고 파렴치한 인물이라도 권력이나 금력을 가졌을 때 용의 반열에 올려놓는다. 나는 전자를 '용'으로 부르고 후자를 '미꾸라지'로 부르겠다면, '개천에서 용 나는' 모델을 뜨겁게 지지할 것이다. 그러나 그런 일이 가능할까? 그것보다는 차라리 "개천에서 용 나면 안 된다" 라고 주장하는 게 더 현실적인 해법이 아닐까?

이기적이고 탐욕스럽고 파렴치한 인물이라도 권력이나 금력을 가졌을 때 용으로 대접하고 미화하고 예찬하는 사회에서 어떤 성격의 엘리트가 만들어질지는 뻔한 일이다. '개천에서 용 나는' 모델은 오직 자신과 제 가족밖에 모르는 엘리트를 대량으로 만들어내는 시스템이다. 우리는 그 생생한 증거를 고위 공직 후보자들에 대한 인사 청문회와 엘리트들의 각종 범죄 행위를 통해 신물나게 목격하고 있잖은가. 보통 사람들조차 꺼리는 위장전입이 엘리트의 필수 조건처럼 여겨지는 나라에서 개천에서 난 용이 어찌 희망의 상징이 될 수 있단 말인가? 우리는 언제까지 어떤 엘리트인지를 따지지 않은 채 밑바닥에서 일어난 인생 성공 스토리와 몰가치적인 계층 상승의 가능성에만 환호를 해야 한단 말인가?

"세상이 두려운 아이들이 꿈을 작게 가질까봐 두렵다"

물론 이런 주장의 취지엔 어느 정도 수긍하면서도 불편하게 여기는 이가 많을 것이다. 예컨대, 『한국일보』 기자 박선영이 「그래도 개천에서 용 난다」라는 칼럼에서 그런 불편한 심정을 잘 토로했다. 도대체 무엇이 불편하다는 것인지 그의 생각을 자세히 경청해보는 게 좋겠다.

박선영은 "'개천에서 용 난다는 말이 사라진 지 오래다'라는 말마저 떠돈 지 오래다. 수많은 언론 보도가 개천에서 용이 나지 않는 사회를 묘파하는 데 주력하고 있고, 신 계급사회의 증거만 도처에 즐비하다. 판사 집안에 판사 나고, 교수 집안에 교수 나는 '신음서제'를 규탄하는 것은 그것이 우리 사회의 진실이기 때문이지만, 그 진실이 총체적인 것은 아니다. 드물지만 개천에서는 여전히 용이 나고 있다. 다만 그런 반례들이 기사로서 그다지 참신하고 매력적이지 않을 뿐이다"라며 다음과 같이 말한다.

"우리가 개천에서 용이 나지 않는다는 말을 수도 없이 지껄인 탓에 세상이 두려운 아이들이 꿈을 작게 가질까봐 두렵다. '개천의 용'이라는 담론 자체에 반대한다는 지당하신 말씀도 어쩐지 불편하다. 개천에서 났든, 대하에서 났든, 용이라는 알레고리가 의미하는 승자독식의 구조는 타파하는 게 옳다. 용이 너무 많이 나와 용과 용

아닌 것의 차이가 흐려지는 것이 우리 사회의 지향이어
야 한다.……멀리뛰기를 할 때 우리는 2미터쯤은 내다봐
야 1.5미터라도 뛴다. 그래서 나는 재판장에 선 갈릴레
오처럼 자못 비장한 심장으로 세태를 거스르며 중얼거린
다. '그래도 개천에서 용 난다.'"[30]

개천에서는 여전히 용이 나고 있지만 그런 사례들이
기사로서 그다지 참신하고 매력적이지 않기 때문에 널리
알려지지 않고 있다는 주장은 타당한가? 일리는 있을망
정, 언론 보도를 놓고 보자면 그 반대가 진실일 것이다.
즉, 개천에서 용이 나는 사례보다 훨씬 더 많은, 수십 배
아니 수백 배, 수천 배에 이르는 반대 사례들은 아예 뉴
스가 되지 않는 건 어떻게 보아야 할까? 어떤 언론이 용
이 되려다 좌절한 사람들, 용이 되지 못했기 때문에 무시
당하거나 모멸당하는 사람들의 비애와 고통을 뉴스로 다
룬 적이 있단 말인가?

그럼에도 박선영은 왜 '지결인'이라는 거친 표현을
썼을까? 개천에서 용이 나지 않는다는 말이 남발되는 것
에 대해 강한 반감을 갖고 있는 것으로 보인다. 그런 말
과 생각이 행여 어린 학생들과 젊은이들의 기를 꺾어 꿈
에서 멀어지는, 그래서 일본의 '사토리 세대'처럼 꿈은

물론 아예 욕망조차 갖지 않을까봐 염려하는 것 같다.

나는 박선영의 그런 취지를 이해하고 지지한다. 그렇다면 모순 아닌가? 아니다. 박선영은 "승자독식의 구조는 타파하는 게 옳다"라고 했다. 그가 말하고자 하는 건 개인적인 차원의 꿈이다. 나 역시 그런 꿈은 지지한다는 것이다. 나는 모두들 노동계급을 뛰어넘어 '시민'이 되려고 하는 것도 문제라고는 생각하지 않으며, 그런 개인·가족적인 욕망을 지지한다. 개인·가족적인 차원에선 용이 되려는 이들에게 뜨거운 격려와 성원을 아끼지 말자. 그러나 '개천에서 용 나는' 모델을 공적 차원에서 장려하고 지원하는 것이 과연 괜찮은 것인지 생각해보아야 한다. 즉, 나는 공사公私 영역을 구분해 대처하자는 것이다.

물론 '개천에서 용 나는' 모델을 표방한 공적 영역의 지원이더라도, 저소득층 자녀의 학비 지원처럼 계급 중심의 지원은 얼마든지 가능하거니와 바람직하다. 이 경우 '개천에서 용 나는'은 단지 수사적修辭的 의미일 뿐이기 때문이다. 그러나 지역 인재 육성이라는 명분을 내건 학숙 건립은 크게 다른 이야기다. 지방을 개천으로 간주한 가운데 그곳을 탈출해 서울로 진입하는 것을 예찬하고 부추기는 행위가 지방에 미칠 악영향이 너무도 크다고 보기 때문이다.

한국인을 지배하는 한과 공포와 모멸

내가 박선영의 주장에 대해 아전인수我田引水격 해석을 하는 걸까? 그럴지도 모르겠다. '개천에서 용 나는' 모델은 어쩌면 전 국민적 한恨의 집결체인지도 모른다. 이런 한恨 말이다. "비록 나는 주류에 끼어들지 못했지만 내 아이들은 주류로 살게 하리라. 주류 중에서도 가장 중심에 선 주류가 되게 하리라. 한 번뿐인 인생, 아이들이 세상의 부와 권력을 실컷 맛보게 해주고 싶었다. 집이 가난하다고, 촌년이라고 놀림당하는 설움을 자식들에겐 겪게 하고 싶지 않았다."[31]

이번엔 엄마가 아닌 아빠의 이야길 들어보자. 지방 국립대를 졸업하고 은행 지점장이 된 아버지는 수시모집에서 서울대학교와 ○○대학교에 합격한 고3 딸이 ○○대학교를 택하자 너무 아쉬워 합격증을 자기 가방에 넣고 다닌다고 했다. 이 학벌에 '한' 맺힌 아버지의 말씀을 들어보자.

"전 지금도 (딸의) 서울대 합격증을 가방에 넣고 다

녀요. 속상해서.……왜 ○○외고를 가고 ○○과학고를 가려고 하겠어요? 그 분위기가 있잖아요, 분위기.……제 기억 속의 ○○대는 시골 아이들이 가는 데, 그리고 아주 우울한 건물.……캠퍼스 라이프가 얼마나 중요한지, 거기 가서 무슨 애들을 만날 건지. 전 그런 게 지엽적인 부분이 싫다 이거죠.……서울대를 가면 전국구잖아요, 거기는. 난다 긴다 하는 애들이 다 와서 머리 부딪히고 최고의 대접을 받을 거 아니냐, 똑같이 사고 쳐서 순경한테 가도 ○○대 다닌다는 거하고 서울대 다닌다는 거하고 다른 거다 이거죠.……근데 그 녀석 꿈이 외국 합작 제약회사 연구실에 다니는 것이기 때문에. 가족회의를 열었는데 저만 서울대고 세 명이 다 ○○대여서……."

『입시가족: 중산층 가족의 입시 사용법』(2013)에서 이 한 맺힌 토로를 소개한 김현주는 이른바 '인 서울' 열풍에 대해선 고도성장이 끝나고 신자유주의가 도입된 1990년대 이후 한국에서 소수 중상층은 계층 상승을 꿈꾸지만 대다수 중산층은 하류층으로 밀려나는 계층 분해 현상이 일고 있다는 점에 주목한다. 중상층과 중산층, 하류층 추락 경계에 선 자들이 모두 자녀 교육에 동일한 전략을 구사하고 있어 결국 다수가 소수를 위한 들러리를

서는 것과 같지만, 그 다수는 상류층으로 상승이 아니라 계층 하향의 공포 속에 임계수준의 문화자본이라도 확보할 수 있는 위험회피 방어기제로서 '인 서울' 대학 진학에 매달리고 있다는 것이다.[32]

이번엔 대학 기숙사 설계 일을 하느라 많은 대학을 다녀본 아버지를 둔 딸의 이야기를 들어보자. "그러니까 캠퍼스 분위기라든가 많이 느끼고 오시잖아요. 예전에 한 번 다녀와서는 지방대는 역시 못 보내겠다 그러시더라고요. 지방대 풀밭에 여학생이 앉아 있는데 너무 슬퍼 보인다는 거예요. 풀밭 위에 여학생 둘이 앉아서 이야기하는데 그게 너무 아니게 보인다는 거예요. 저한테 거기 앉게 하지 못하겠대요. 그러면서 아무리 그래도 통합버스 타고 '인 서울'로 가자고."[33]

그거 참 놀랍고도 흥미로운 일이다. 삶의 여유를 갖고 인간답게 산다고 볼 수도 있는 장면을 슬프게만 보는 이유는 무엇일까? '인 서울'에 비해 비교적 한가하게 보이는 분위기가 인생에서 낙오를 연상시킨 걸까? 하긴 전 국민이 전쟁하듯이 사는 삶의 포로가 된 대한민국에서 그렇게 생각할 수도 있겠다. 쇼핑몰을 교내로 직접 끌어들이거나 쇼핑몰을 방불케 하는 캠퍼스를 자랑하는 인 서울 대학의 캠퍼스 분위기야말로 뭔가 역동적이고 진취적인 느낌을 준다고 믿겠다는 걸 어떻게 해볼 도리는 없잖은가 말이다.

계층 하향의 공포는 지방대에 대한 모멸과 동전의 양면관계를 이룬다. 10여 년 전인 2003년 11월 25일 MBC-TV의 〈심야스페셜〉을 시청하다가 깜짝 놀란 일이 있다. 지방대 문제를 다룬 그 프로그램은 광주의 한 편입학 학원이 문전성시를 이루고 있는 모습을 보여주었다. 지방에서 인 서울 대학으로 편입하려는 지원자가 5만 명이나 된다는 것도 놀라운 사실이었지만(현재는 20~30만 명), 정작 놀라운 건 "지방대 출신 며느리보다는 서울에서 고등학교를 나온 며느리가 더 낫다. 지방에서 무얼 배웠겠는가?"라는 어느 서울 아줌마의 말을 전하는 한 여학생의 증언이었다. 저런 정신 나간 말이 그대로 방송되어도 되나 하고 충격을 받았던 적이 있다.

그런 광기 어린 모멸은 예외적인 것으로 보는 게 옳겠지만, 이 추악한 모멸과 '지잡대', '지방충', '지균충' 등과 같은 단어를 구사하는 모멸 사이의 거리는 그리 멀지 않다. 사람들은 속마음을 어느 정도로 드러내느냐 하는 걸 '교양'의 문제로 보지만, 익명성만 보장되면 그런

교양은 쓰레기가 되고 만다. 그렇지 않다면, 인 서울 대학들의 학생 온라인 커뮤니티 게시판에서 차마 입에 담기도 어려운 지방 모멸의 표현과 주장이 난무하는 걸 어찌 이해할 수 있겠는가. 이는 『개천에서 용 나면 안 된다』는 책에서 자세히 다루었으므로 건너뛰겠다.

한과 공포와 모멸! 이걸 무슨 수로 넘어설 수 있단 말인가. 순간 무력감이 엄습하지만, 그래도 할 말은 계속해야겠다. 아니 그렇기 때문에 더욱 한과 공포와 모멸에 못지않은 열정과 집요함으로 말해야겠다. 인 서울을 하려는 열망이 상류층으로 상승이 아니라 계층 하향의 공포 속에 임계수준의 문화자본이라도 확보할 수 있는 위험회피 방어기제라지만, 그 이전에 지금 당장 우리 모두의 발밑이 무너져 내리고 있는 현실을 직시하자고 말해야겠다.

진정 임계점에 이른 건 '개천에서 용 나는' 모델이다. 앞서 지적했듯이 세계 최고의 자살률과 세계 최저의 출산률. 세계에서 수면 시간이 가장 짧고, 노동시간은 가장 긴 나라. 최저임금도 받지 못하는 노동자가 전체의 12.1퍼센트, 227만 명, 정규직에 한(恨)이 맺힌 비정규직이 전체 임금노동자의 45.4퍼센트, 852만 명. 더는 무엇을 말해야 "지금 이대론 안 된다"에 동의할 수 있단 말인가? 언제까지 나와 내 가족은 예외일 거라고 자신을 속이는 삶을 살겠다는 건가?

"지금 이대론 안 된다"에 동의한다면, 기존 진보 역시 왕성한 의심의 대상이 되어야 한다. 진보는 경제 분야를 제외하고 '낙수효과' 모델의 신봉자라고 해도 과언이 아니기 때문이다. 그래서 진보는 개혁 방법론에서 '위에서 아래로'라거나 '큰 것에서 작은 것으로'라는 '낙수효과'의 원칙에 충실하다. 노동운동에 대한 지지와 응원도 대기업 노조 중심이며, 사회 진보를 평생 과업으로 삼겠다는 사람들도 서울이나 서울 근처에서 살아야만 발언권을 가질 수 있다고 굳게 믿고 있다. 이제는 그러지 말자. 청년유니온과 민달팽이가 그러했던 것처럼, 전국 방방곡곡 각자 선 자리에서 청년들이 결집하는 문화를 만들어 나가야 한다.

제 **6** 장

'밥상머리' 세뇌 교육과
'박원순 모델'을
넘어서자

불륜과 스와핑을 하는 사람들도 결집하는 세상인데

'애슐리메디슨닷컴'이라는 웹사이트의 세계적인 성공이 말해주듯, 바람을 피우려는 사람들도 결집하는 세상이다. 심지어 스와핑wife swapping을 하는 사람들도 인터넷을 통해 대규모로 결집한다.[1] 그런데 왜 가장 절박한 사연을 가진 사람들이 뿔뿔이 흩어진 채 각자도생의 길만 걸어야 한단 말인가? 각자도생하더라도 공동 관심사에 아주 작은 관심과 성의만 보여주면, 운동을 직업적으로 하는 사람들이 나타날 것이고 그들이 운동과 개혁을 도맡아 해줄 게 아닌가 말이다.

그런 점에서 보자면, 우리에게 필요한 건 끈끈하고 강한 결속이 아니라 느슨하고 약한 결속 아니 연대다. 구태의연한 집단주의적 연대가 아니다. 각자의 개성을 존중하는 '연대적 개인주의' 또는 '개인주의적 연대'의 새로운 길을 열자는 것이다.[2] 1970년대나 1980년대 식의 연대가 아니다. 4가구 가운데 1가구는 '나홀로 가구'이며, 대학생 3명 중 1명은 "나는 아웃사이더"라고 말하는 시대 상황에 맞는,[3] 이른바 '약한 연결의 힘strength of weak ties'에 의한 연대다.[4]

한국처럼 연고주의(강한 연결)의 폐해가 두드러지는 사회에선 오히려 약한 연결이 더 바람직한 면도 있다. 즉, '연줄사회'에서 '연결사회'로 나아가야 한다는 것이다. 혼자 살다 혼자 죽는 '무연사회無緣社會'가 우리의 비전이 아니라면, 그런 정도의 연결이나 연대는 선택의 문제가 아니라 당위의 문제가 아닐까?

지금 우리는 "'만인에 대한 만인의 투쟁' 상태가 도래한 절망의 시대"에 살고 있다는 주장도 있지만, 그건 아니다. 가혹한 투쟁은 '을'에게만 해당할 뿐, 모두에게 다 적용되는 말이 아니다. 그래서 청년유니온 초대위원장 김영경의 말처럼, "힘들어도 참으면 고생 끝에 낙이 온다"라는 식의 '자기착취'를 중단하고, 사회적 약자들끼리 "서로에게 힘이 되어주는 든든한 '빽'을 만들자"는 것이다.[5]

우리 주변을 둘러보자. 전쟁에서 승리를 독려하기 위한 모임과 상처를 치유하기 위한 힐링 모임만 성황을 누릴 뿐 전쟁을 끝장내자는 걸 목표로 삼는 모임은 거의 없다. 극소수나마 전쟁을 끝장내자는 사람들도 생각이 다른 사람들과의 소통을 중시하는 '합의 추구형'이라기보다는 승패에 개의치 않고 자신의 신념만 드러내고 실천하면 그만이라는 '십자군형'이라 문제를 악화시킬 뿐이다.

각자 선 자리에서 작은 일들로 승리의 경험을 쌓은 후, 그걸 기반으로 해서 정당으로 쳐들어가자. 새 집을 짓는 것도 좋겠지만, 헌 집을 고쳐 쓰는 재미도 쏠쏠하다. 정당으로 쳐들어가기 위해 극복해야 할 두 가지 장애가 있다. 첫째는 '밥상머리' 세뇌 교육의 굴레에서 벗어나는 것이고, 둘째는 이른바 '박원순 모델'에서 독립하는 것이다.

정치를 혐오하게 만든 '밥상머리' 세뇌 교육

첫 번째 문제부터 살펴보자. 우리는 정치는 더럽고 위험한 것이며 따라서 가까이 상종해선 안 될 것으로 배워왔다. 집에서도 배웠고 사회에서도 배웠다. 이와 관련, 구본기재정안정연구소 소장 구본기는 "요즘의 청년세대는, 성장하면서 어른들로부터 정치를 학습한 적이 없다"라며 이렇게 말한다. "부모로부터는 '되도록이면 정치적인 이야기는 피하라'는 조언을 듣고 자랐고, 사회로부터는 '정치는 더러운 것(혐오스러운 것)'이라고 배웠다. 이른바 유명인들은 티브이 토론프로그램에 출연해서 늘 '정치적인 이야기는 걷어내고 논의합시다'라고 한다."[6]

　　전북대학교 학생 조순주는 자신의 경험을 이렇게 털어놓는다. "나의 부모님의 경우 선거전단이 날아오면 봉투를 뜯지도 않고 버렸던 적이 많다. 그렇게 남들만큼이나 정치에 무관심했고 사회질서에 순종적이었다. 그저 각자가 '위'에서 정해준 대로, 법 지키고 착하게 살면 된다고 생각했던 분들이다. 하지만 누구의 피가 섞였는지, 어렸을 적부터 가족 내 암묵적인 규칙과 유치원, 학교에서의 질서에 왜 그래야 하냐 묻고 자주 불만의 말을 내뱉던 나였다. 그 때문에 대학에 들어가 사회운동을 할까봐 늘 걱정했던 부모님의 말이 여태껏 잊혀지지 않는다.……그런 부모님들의 꾸준한 걱정의 말은 현재 젊은이들의 '정치 무관심'을 낳는 데 일조했다."[7]

　　학교에선 어떤 일이 벌어지는가? 전북대학교 학생 김신철은 "젊은이들의 '정치혐오' 혹은 '정치무관심'은

'정치적 상상력의 결여'에서 나온다"라며 이렇게 말한 다. "중고등학교 정치수업 시간에 나오는 내용은 '정당 의 구조'라거나 '대통령의 임기' 등 암기용 지식뿐이다. 때문에 정치를 배우는 학생들은 어떤 정책이 어떤 미래 를 가져올지에 대한 상상력이 부족하다. 학생들은 교과 서를 벗어나 현대정치를 이해하지 못한다. 텔레비전에 나오는 국회의원들이 어떤 정책 때문에 저렇게 몸싸움을 하는지 이해하지 못하니 웃기고, 이상하게만 보인다."[8]

반대로 현실을 담아도 문제가 생긴다. 일부 고등학 교 사회과목 교과서는 정당을 매우 부정적인 것으로 묘 사하면서 이렇게 저렇게 바꿔야 한다는 주장을 늘어놓고 있다.[9] 물론 보기에 따라선 원론에 머무르지 않고 한국적 현실을 보여주었다는 점에서 긍정 평가할 수도 있지만, 그로 인해 학생들이 갖게 될 정치혐오에 대한 고려가 충 분치 않다는 건 분명하다.

어떻게 해야 이런 교육으로 인한 한계와 학습효과의 굴레에서 벗어날 수 있을까? 구본기는 "정말 청년세대의 탈정치화가 문제인가? 그렇다면 '재미'라는 키워드를 꽉 잡아야 한다"라고 말한다.[10] 그렇다. 최상의 엔터테인먼 트와 재미없는 정치가 손바닥 안의 스마트폰에서 경쟁해야 하는 상황에서 '재미'는 선택의 문제가 아니라 당위의 문제가 아닌가 싶다.

사실 재미있는 정치, 그건 얼마든지 가능하다. 정치에 침을 퉤퉤 뱉어 정치를 독식하려는 사람들의 음모와 농간에 놀아나선 안 된다. 청년들이 직접 기획하고 만드는 정치는 얼마든지 다른 길을 걸을 수 있다. 이게 바로 진정한 의미의 '창조 경제'요 '창조 정치'다. 물론 '재미'가 말처럼 쉬운 건 아니다. 스마트폰에 온갖 재미가 수두룩한데 무슨 수로 스마트폰에 고개를 처박은 그들의 고개를 들게 할 수 있단 말인가?

조순주는 '사사롭고 소소한 동기'의 중요성을 역설한다. 그는 "매순간이 경쟁인 사회에서 젊은이들은 눈앞에 놓인 과제에서 조금만 곁눈을 팔아도 금세 도태되어 버린다. 이런 현실 속에서 정치가 본질이며 모든 것을 바꾸는 무엇이 될 수 있다는 외침은 거창하다. 관념적일 뿐이다"라며 다음과 같이 말한다.

"젊은 층의 정치 참여를 바란다면 그들이 정치에 참여하는 과정에서 소소하지만 즐거운, 실제의 경험을 할 수 있도록 해야 한다. 굳이 '우리' 세대가 자본주의의 아이들임을 운운하지 않더라도 실제의 이익을 따지는 것은 인간의 본성이 아닌가. 우리 사회와 젊은이들은 이미 알고 있다. 목소리를 내야 하고 움직여야 한다는 것을. 하지만 아직 그들의 용기는 페이스북이라는 가상의 공간에서의 외침에 그칠 뿐이며, 클릭을 하는 손가락의 움직임에 그칠 뿐이다. 아직은 사회에 정면으로 맞서기 두려운 젊은이들에게 '참여하라'는 반복적인 말 대신 실질적인 공간을 마련해주어야 한다. 그곳에서 사람도 만나고, 자지레한 말들도 늘어놓을 수 있도록 해야 한다."[11]

조순주는 이른바 '슬랙티비즘slacktivism'의 문제를 제기하고 있다. '게으른 사람slacker'과 '행동주의activism'의 합성어인 슬랙티비즘은 시민참여나 집단 행동을 촉진시키기 위한 수단으로 인터넷과 소셜 미디어를 활용하는 사람들이 증가하면서 등장한 말이다. 온라인 공간에서는 치열한 토론을 벌이면서도 막상 실질적인 정치·사회 운동에 참여하지 않는 네티즌을 비꼬는 말로 많이 쓰인다.[12]

에브게니 모조로프Evgeny Morozov는 2011년에 출간한 『넷 환상: 인터넷 자유의 그늘Net Delusion: The Dark Side of Internet Freedom』에서 "슬랙티비즘은 게으른 세대에게 이상적인 형태의 행동주의다. 가상공간에서 요란하게 운동을 펼쳐나갈 수 있다면 연좌 농성이나 체포될 위험,

경찰의 잔인한 진압이나 고문을 두려워할 이유가 있겠는
가?"라고 말한다.[13]

아니다. 적어도 우리의 현실에선 그게 아니다. 우리
에게 문제는 '연좌 농성이나 체포될 위험, 경찰의 잔인한
진압이나 고문'이 아니라 자기만의 시간을 최대한 확보
해야 할 각자도생이다. 따라서 슬랙티비즘의 진화는 얼
마든지 가능하며, 조순주가 지적한 '공간'의 문제가 매우
중요한 의미를 가질 수 있다.

지자체의 그 넓은 공간부터 지역 주민에게 돌려주자

생각해보면 놀랍거니와 이상한 일이다. 공간 정치에 가
장 관심을 기울여야 할 주체는 진보좌파여야 하는데, 이
들은 시위 빼놓고는 도무지 관심이 없다. 오히려 기업들
이 관심을 기울인다. 이들이 공간을 근거로 한 공동체 운
동에 앞장서고 있다. 진보좌파가 해야 할 일들을 그들이
먼저 하고 있는 것이다. 그래서 조순주는 청년 정치를 위
해 KT&G의 '상상마당'의 방식을 본뜨는 것이 어떻겠느
냐고 제안한다.

"자유롭게, 값싸게 '놀 곳'이 없었던 젊은이들에게

기꺼이 놀이의 장을 제공한 사례로 공간대여에서부터 공연, 전시, 아카데미까지 젊은 층의 입맛에 딱 맞춘 프로그램들로 구성되어 있다. 마당에서 상상하는 재미를 실제로 경험했던 젊은이들은 10년 가까이 꾸준한 사랑을 보내고 있다. 상상마당을 통해 KT&G는 기업의 이미지 상승효과를 보았을 것이다. 하지만 그보다 주목하고 싶은 점은 개인주의 성향이 강한, 한편으로는 이기적이기까지 한 현대의 젊은이들을 한데 모았다는 것이고, 일회성으로 그치지 않았다는 점이다. 유사하게 '대안 정치 공간'을 만들어보는 것이다. 젊은 층의 관심사를 반영한 문화복합 프로그램으로 그들을 모으고 함께 나누는 대화에서부터 시작하는 것이다. 각자 삶에서의 즐거움, 고충을 말하는 것에서부터 시작해 '대안 정치'로까지 이어져야 한다. 소시민이 모여 의견을 교류하고, 그렇게 맞댄 머리로 '그들만의 사회'를 향해 적극적으로 의견을 펼치는 '대안 정치 공간'이 필요하다."[14]

　　탁견이다. '대안 정치 공간'의 필요성에 주목하다 보면, 전국 방방곡곡에 걸쳐 들어선 지자체들의 거대 청사는 됐다 무엇에 쓰나 하는 생각을 하지 않을 수 없다. 2006년 3월 당시 '지방정부 심판론'을 내세웠던 열린우리당 의장 정동영은 다음과 같이 말한 바 있다.

"어지간한 신축 구청의 구청장실에 한번 가보십시오. 장관실 두 배 이상 됩니다. 최근에 지은 도청에 도지사실, 도지사 관사 가보십시오. 저는 청와대 관저에 가끔 갑니다만, 청와대 관저의 몇 배 됩니다.……32만 명의 지방 공무원과 92조를 85% 지방권력을 장악한 한나라당이 독식합니다. 이런 독점 구조 속에서 썩어버렸습니다. 이게 핵심입니다."[15]

이 말은 당시 수도권 광역단체장 3명, 서울시 구청장 25명, 경기도 시장 군수 31명, 인천구청장 10명 등 합해서 69명 가운데 한나라당 소속이 66명, 열린우리당 소속은 3명뿐이었던 점을 겨냥해 퍼부은 정치적 공세였지만, 말인즉슨 옳다.

2006년 8월 『중앙일보』는 「50개 시장·군수·구청장실 장관실(50평)보다 넓게 쓴다」 등의 제목으로 보도한 기사들을 통해 지방의 "큰 것이 무조건 아름답다" 행태를 비판했다. 서울에 비해 땅값이 싼 지방에서 그 정도 호사도 못 누리냐고 항변하는 게 옳을까? 선거 때처럼 주민들을 하늘처럼 섬기면서 슬기롭게 일만 열심히 잘한다면야 집무실이 수백 평인들 어떠랴만서도 새삼 공복公僕

이라는 시대착오적인(?) 단어를 떠올려보게 되는 건 어쩔 수 없다.

지자체의 그 넓은 공간을 지역 주민, 특히 청년들에게 돌려주자. 아니 주민들과 더불어 같이 쓰자. 우선 시민들의 정치 교육을 상시적으로 열 수 있는 공간으로 활용하자. 시민들도 밖에서만 웅장한 건물 구경하면서 속으로만 욕하지 말고 그런 제안을 하면서 적극 참여하자. 이렇게 하지 않고선 행정에 대한 친근감, 그리고 한 걸음 더 나아가 정치에 대한 친근감을 살릴 길이 없음을 인정하자.

김대호는 『결혼불능세대: 투표하고, 연애하고, 결혼하라』(2012)에서 "국회도 보세요. 우리가 지금 여기서 비싼 임대료 내고 모여 있잖아요? 예컨대 이렇게 여의도 한복판에 조그만 사무실 내고 힘들게 모여서 토론하기보다는, 야간에 국회에 있는 회의실이라든지 이런 걸 빌려 쓰면 좋잖아요. 그런데 국회 공무원들 있잖아요. 자기들 퇴근해야 해서 안 된다는 거죠. 그래서 관공서들이 야간이나 저녁시간에는 다 비어 있어요"라면서 다음과 같이 말한다.

"자기들이 볼 때는 그게 인간다운 생활이라고 생각

해요. 그런데 자기들은 인간다운 생활을 하면 뭐해. 우리는 인간 이하인데. 공무원들의 눈높이가 국민 속으로 내려와야 하거든요. 국민 중간쯤으로 와야 하는데 자기들은 다 높은 데 있으면서 선진국을 보는 겁니다. 그렇게 우리는 힘 있는 놈들은 먼저 선진국으로 가버린 거예요. 생산력은 일정한데 말이죠. 힘 있는 놈만 올라가면 나머지 우리는 중진국 수준도 아니고 그 밑의 수준의 삶을 살아야 하는 거죠. 이게 다 서로 연관이 돼 있는 건데 이걸 별개로 보는 겁니다."[16]

그런 점에서 광주시장 윤장현의 '공유도시 실험'은 주목할 만하다. 그는 '시민시장'을 표방하며 시청과 각종 경기장·체육관 등 세금으로 지은 건물을 시민들에게 돌려주겠다고 공언해왔다. 당장 광주시청 1층 로비부터 시민들 스스로 전시회 등을 열 수 있도록 했다. 2015년엔 시청과 산하 공기업·사업소 등 59개 공공기관의 주차장과 회의실·화장실 등을 전면 개방하고 광주 시내 공공기관 회의실과 전시장·공연장 270여 곳도 시민들이 각종 모임장소나 예식장 등으로 적극 활용하는 것을 추진 중이다.[17]

이 사업이 성공할 수 있게끔 광주 시민들의 적극적

인 참여가 요청됨은 두말할 나위가 없다. 일단 광주에서 성공을 해야 전국적으로 확산될 수 있을 게 아닌가 말이다. 이 사업에서 가장 중요한 것은 민관民官 신뢰 구축이다. 그 신뢰의 토대 위에서 할 수 있는 일은 무궁무진하다는 것, 그게 가장 중요하다.

청년들의 공간적 파편화를 넘어서야 한다

왜 공간 공유가 중요한가? 이와 관련, 미국 철학자 존 듀이John Dewey, 1859~1952가 민주주의의 핵심을 '공동체 삶 community life'으로 본 것은 정곡을 찌른 것이다.[18] 시인 이문재의 다음과 같은 표현이 더 가슴에 와 닿는다. "민주주의는 장소의 문제다. 본질적으로 장소에 대한 감수성의 문제다. 장소 없는 민주주의는 사람이 살지 않는 집과 같다."[19]

공동체의 토대 없이는 기본적인 운동조차 어렵다. 프랑스의 계몽 사상가 장 자크 루소Jean Jacques Rousseau, 1712~1778는 "온 세상을 사랑한다고 큰소리치지만 사실은 아무도 사랑하지 않을 특권을 즐기는 세계주의자"를 지적한 바 있다. 진보주의자의 사해형제주의를 경계하는 미국 역사가 크리스토퍼 래시Christopher Lasch, 1932~1994는 루소의 이 말을 인용하면서 사람의 정은 무한히 잡아 넓히기에는 너무 구체성에 뿌리를 두고 있음을 인정해야 한다고 주장한다.

미국의 흑인 민권운동가 마틴 루서 킹Martin Luther King Jr., 1929~1968의 흑백차별 철폐운동이 일정한 성과를 얻은 것은 남부에 탄탄한 흑인 공동체의 토대가 있었기 때문이다. 반면 북부에서는 그런 공동체의 토대가 없었기 때문에 실패로 돌아갔다. 래시는 더 강인하고 낙관적인 흑인을 낳은 것은 흑인과 백인이 섞여 살던 북부가 아니라 흑인끼리 모여 살던 남부였다면서, 흑인과 백인이 섞여 사는 보편주의에 집착했던 미국 진보주의자의 고정관념을 지적한다. 요컨대, 보통 사람은 인류 보편을 사랑하는 것이 아니라 특정 남녀를 사랑한다는 것이다.[20]

그런데 한국의 청년들은 어떤 상황에 처해 있는가? 빈민층의 처지와 비슷하다. 대도시, 특히 '재개발의 성지'라 할 서울은 빈민층의 집단적 저항이 원초적으로 차단되어 있는 기묘한 도시다. 빈민층이 모두 분산된 채 파편화된 형태로만 존재하기 때문이다. 원룸과 고시원의 번성이 말해주듯, 청년들 역시 공간적으로 철저히 파편화되어 있다.

녹색당 서울시 정책위원장으로 2014년 지방선거에서 서대문구 구의원 후보에 출마했다가 고배를 마신 이태영(30)은 "청년들에게 정치에 관심을 가지라고 하기 전에 그들이 사랑하고 정착할 수 있는 공동체를 만들어 줘야 한다"라고 말한다. "원룸 사는 청년들은 선거 공보물을 보지 않는다. 지역에 대한 애정은 부동산이든 뭐든 자기가 소중한 것을 갖고 있어야 생긴다. 툭 하면 주소지를 옮겨야 하고 떠돌아다녀야 하는 청년이 지역에 애정을 가질 이유가 없다."[21]

1990년생인 영화감독 이길보라는 "기성세대는 짱돌, 화염병이라도 던져본 연대의 경험이 있지만 우린 애당초 연대하는 법을 경험하지 못한 채 '저 아이를 밟고 일어서야 내가 산다'고 배워왔다"라며 이렇게 말한다. "내가 길에서 배운 건, 그래도 포기하지 말아야 한다는 거, 우리의 생은 너무 짧은데 한 것도 없이 벌써 지치면 안 된다는 거, 친구들과 연대해서 우리가 살, 더 나은 공동체를 만들어야겠다는 거다."

칼폴라니사회경제연구소 소장 정태인은 청년 세대에게 보내는 편지 형식의 글에서 이길보라의 말을 인용하면서 이렇게 말한다. "이런 게 바로 혁명의 마음가짐 아닐까? 각자도생이 아니라, 친구들과 연대해서 더 나은 공동체를 만드는 것, 바로 거기에 너희의 살 길이 있을 거야. 바로 21세기 혁명의 시작이겠지. 우리 아이들에게 만은 최루탄 냄새를 맡게 하지 않겠다던 우리가 이런 얘기를 하다니, 미안하고 또 미안하구나."[22]

아니다. 미안해할 것 없다. "당신 80년대에 뭐 했어?"라거나 "당신 감옥 갔다 왔어?"라는 말로 동시대인뿐만 아니라 청년세대까지 윽박지르는 사람들이 진보로 행세하는 이 나라에서 연대와 공동체에서 혁명의 길을 찾고자 하는 마음 씀씀이만으로도 칭찬받아 마땅하다.

자신이 사는 동네에 관한 이야기를 할 기회를 잃어버린 사람들이 지역 공동체에 대해 무관심해지는 건 당연한 일이다. 이는 지역 정치에 대한 무관심으로 이어지기 마련이다. 그러니 투표율도 낮아질 수밖에 없다. 정치적 관심이라고 해봐야 텔레비전 등과 같은 미디어를 통해서만 접할 수 있는 중앙 정치, 즉 대권의 향방에 관한 것뿐이다. 그건 욕하면서 보는 '막장 드라마'와 비슷한 것이다.

'박원순 모델'의 잔재를 훌훌 털어버려야 한다

두 번째 문제인 '박원순 모델'의 부담도 털어내야 한다. 별로 좋지 않은 모델에 박원순의 이름을 붙이는 것이 미안하긴 하지만, 그가 미친 영향이 워낙 크기에 사회적 책임을 져야 한다는 점에서 그리 부당한 작명은 아니다. 박원순 모델이란 기존 정치혐오증에 편승한 운동 모델이다. 박원순은 시민운동가 시절 시민운동가가 정치를 하는 걸 변절이나 타락으로 여기는 발상에 근거해 정치를 하지 않겠노라는 말을 수없이 반복했다. 워낙 그의 사회적 영향력이 컸기 때문에, 그의 그런 자세는 지방에서도 시민운동가가 지켜야 할 절대 불문율처럼 여겨졌다. 지방은 사정이 서울과는 크게 다른데도 말이다.

박원순은 그래놓고선 아무런 이론 교정이나 해명도 없이 어느 날 갑자기 국정원 탄압 핑계를 대면서 정치판에 뛰어들어 서울시장이 되었다. 그의 그런 변화는 시민운동계에 그간의 불문율을 이제 지키지 않아도 될 근거처럼 여겨지면서 각 분야에서 맹활약하던 유능한 시민운동계 인사들이 대거 정관계로 진출하는 결정적 계기가 되었다. 그렇다면 시민운동가가 정치를 하는 걸 변절이나 타락으로 여겼던 과거의 발언은 이제 유효하지 않다 든가 아니면 여전히 유효하나 비상한 상황에선 괜찮다든 가 하는 무슨 설명이 있어야 하는 게 아닌가?

시민운동가가 정관계에 진출하는 것이 좋으냐 나쁘냐를 따지려는 게 아니다. 지금 나는 신뢰의 문제를 말하는 것이다. 나는 박원순이 신뢰를 먹고살아야 할 시민운동에 큰 악영향을 미쳤다고 생각한다. 박원순이 나중에 대권 도전에 성공해 '훌륭한 대통령'이 된다 해도 그가 운동에 악영향을 미쳤다는 사실은 달라지지 않는다. 이제 그러지 말자. 그런 위선적인 모델로는 아무것도 이룰 수 없다. 당파적 대결 구도에서 타이밍을 잘 잡아 선거에서 이길 수는 있어도, 그건 시스템 개혁을 희생으로 한 개인플레이 이상의 의미는 없다. 이제 우리는 '영웅' 하나 잘 키워 세상 한 번 바꿔보자는 '영웅 결정론'에서 탈피해야 한다.

이제 운동에 뛰어든 청년들은 '박원순 모델'의 잔재를 훌훌 털어버리고 처음부터 당당하게 선언해야 한다. "때가 무르익으면 언제든지 정치를 하겠다"라고 말이다. 도대체 뭐가 문제란 말인가? 운동 하다가 정치인으로 변신하는 걸 나쁘게 보는 시각은 국회의원과 같은 고위 공직자가 되는 걸 개인적인 야망 달성이나 '가문의 영광'으로만 보는 기존 '개천에서 용 나는' 모델에 근거한 것이다. 청년 정치는 '개천에서 용 나는' 모델을 깨부순 폐허 위에서 새로 탄생하는 정치 모델이며 그래야만 한다.[23]

청년 정치가 꼭 진보적이어야 할 이유는 없다. 정의당뿐만 아니라 새정치민주연합과 새누리당 모두 청년 정치의 텃밭이 될 수 있다. 어느 정당이건 다 일장일단이 있다. 청년 정치는 상대의 존재 가치를 인정하는 기반 위에서 출발해야 한다. 조성주의 어법을 빌려서 말하자면, "청년 정치는 박근혜 대통령과 싸우는 정치가 아니며, 새누리당이나 새정치민주연합과 싸우는 정치도 아니다." 철저히 이슈 중심으로 미래와 싸우는 정치여야 한다.

어느 정당이건 다 일장일단이 있다는 말은 청년들의 운신의 폭에도 해당된다. 정의당 당대표 선거에서 노회찬·심상정이 각각 43.0퍼센트와 31.2퍼센트를 득표해 1~2위에 올라 결선에 진출한 반면 조성주는 17.1퍼센트로 3위에 그쳤지만, 조성주가 정의당 당대표가 되기에 역부족이었던 건 그가 모자라서가 아니다. 심상정과 노회찬이 조성주에 비해 시대적으론 뒤처졌을망정 그들이 그간 좋은 평가를 받아온 훌륭한 정치인들이었다는 점이

결정적인 패인이었다.

오히려 조성주와 같은 청년이 싸우기 좋은 곳은 새누리당이나 새정치민주연합이다. 다만 문제는 청년 지도자를 뒷받침해줄 청년 당원들의 부재인데, 바로 이런 한계를 넘어서기 위해서라도 어느 정당이건 각자의 정치적 성향에 따라 청년들이 정당으로 쳐들어가야 한다는 것이다. 불행 중 다행히도 조성주에 대한 20대들의 기대는 높다. 전북대학교 학생 노유리는 「젊은이는 나라의 찬밥」이라는 글에서 조성주가 그간 해온 일들을 거론한 뒤 다음과 같이 말한다.

"조성주의 지나온 궤적이 그의 말에 대한 진정성을 키웠다. 그에 대한 이야기는 정치 이야기를 하지 않는 친구들 사이에서도 꽤 회자되곤 했다. 제2의, 제3의 조성주가 나올 수 있도록 청년들이 나서야 한다. 지지 세력의 토대가 구축될 때 스피치는 힘을 얻는다. 세대로 묶여 웅크린 개개인의 '나'가 정치에 뛰어들어 어떤 부분이 고달프고 어떤 부분이 우리를 침묵하게 만드는지에 대해서 직접 목소리를 내야 한다. 구조를 만드는 것도 구조를 깨는 것도 결국 사람이 하는 일이다. 세상이 달라졌으니 다르게 사는 게 당연한 것이다. '하늘은 가슴 시리도록 높

고 푸르고 젊은 나는 젊은 날을 고뇌하네 라라-자우림,
청춘예찬.'"[24]

자우림이 〈청춘예찬〉을 노래한 것도 벌써 10년 전이
다. 그간 청년들은 "세상은 눈이 부시도록 넓고 환하고
젊은 나는 내 젊음을 절망하네"와 같은 삶을 살아왔다.
"무기력한 내 청춘이여 라라라라라라-닿을 수 없는 먼 곳
의 별을 늘 나는 갈망한다. 눈물이 가만히 내 입술을 적
시네." 갈망하되, 눈물 없는 갈망을 위해 이제 우리는 개
인적으로건 집단적으로건 기존 패러다임을 바꿔야 할 임
계점에 이르렀다.

보수 신문의 대표 논객(『조선일보』 송희영 주필)조차
"이제 나라를 이끌어갈 엔진을 업그레이드하거나 새것
으로 갈아 끼우지 않으면 안 된다"라고 선언했듯이,[25] 이
제 패러다임 교체는 좌우左右와 남녀노소男女老少를 막론한
국민적 과제가 되었다. 이 일에 청년이 앞장서지 않는다
면 누가 앞장서겠는가.

맺는말

"뱀의 지혜와 비둘기의 순진성"으로 전진하자

2015년 1월 9일 KAIST 미래전략대학원의 토론회 '한국인은 어떤 미래를 원하는가'에서 과학기술정책연구원 박사 박성원은 20~34세 청년층의 설문조사 결과를 발표했다. 응답한 청년의 42퍼센트가 "붕괴, 새로운 시작"을 원했으며, "지속적인 경제성장"을 원한 청년은 23퍼센트에 불과했다.[1] "붕괴, 새로운 시작"을 원한 청년들은 정신 나간 청년들이 아니다. 집단적 광기에 휘둘리지 않고 "지금 이대론 안 된다"를 이해한 제 정신 가진 사람들이다.

그러나 굳이 '붕괴'를 택하지 않고도 그들이 원하는 미래에 이를 수 있는 길이 있다. 그건 바로 '개천에서 용 나는' 모델의 해체다. 지금 당장 하자는 것도 아니다. 아주 천천히 해도 좋으니 방향만이라도 그쪽으로 틀어보자는 것이다. 우선 지방민들부터 서울 하늘 바라보며 '전쟁 같은 삶'을 살 게 아니라 지방민 스스로 지방을 살 만한 곳으로 만들어보자. 각자도생을 하더라도 조금만, 아주 조금만의 관심이라도 전쟁하듯이 살아가는 이 아수라장 판 자체를 바꾸는 데에 할애해보자. 새로운 청년 정치가 해야 할 일도 바로 이게 아니겠는가.

"개천에서 용 나면 안 된다"라는 말만 듣고선 나를 수구 꼴통 비슷하게 여겼던 사람이 여기까지 읽었다면 이젠 나를 자기만의 세계에 갇혀 있는 '순정 좌파' 비슷하게 여길지도 모르겠다. 그러나 처음의 오해가 터무니없듯이, 이 두 번째 오해 역시 터무니없는 것이다. 왜 그런가? 나는 열망과 야심과 인정욕구를 뜨겁게 지지하기 때문이다.

문제는 오히려 정반대로 기존 '개천에서 용 나는' 모델이 '탈진burnout'과 더불어 '학습된 무력감learned helplessness'을 양산해냄으로써 이 나라의 미래를 매우 어둡게 만들고 있다는 점이다. 최근 미국 경제 매체인 『블룸버그』가 "만일 국가에도 기분이라는 게 있다면, 한국은 프로작(항우울제)이 필요할지 모른다"라고 했듯이,[2] 한국은 활력을 잃고 좀비처럼 축 처진 채 시들어가고 있다.

누구나 인정하겠지만, 현재 한국 사회에서 벌어지고 있는 경쟁은 경쟁의 장점을 살리는 경쟁이 아니라 한과 공포와 모멸에 의한 사회심리적 증폭 과정을 거치면서 자해와 자학을 위한 경쟁으로 변질되었다. 이젠 새로운 패러다임을 찾지 않으면 안 될 상황에 내몰린 것이다. 모든 이가 이구동성으로 패러다임 전환의 필요성을 역설하지만, 어떤 패러다임으로 가야 한다고는 말하지 않는다. 기껏해야 '복지'를 강조하거나 '개헌'이 필요하다는 수준에 머무르고 있다. 나는 '개천에서 용 나는' 모델을 깨고 '개천을 살리는' 모델로 가는 것이 가장 좋은 패러다임 전환이라고 주장하는 것이다.

청년 실업 문제의 해결책도 '개천'의 현장에서 나와야 함은 두말할 나위가 없다. 그런 점에서 희망제작소 소

장 이원재가 『한겨레』에 기고한 「청년고용을 위한 노사
정위원회를 열자」라는 칼럼은 가뭄에 단비를 만난 것처
럼 반갑다. 그가 노사정위원회에서 당장 구체적으로 토론
해야 할 의제로 제시한 세 가지 가운데 내가 가장 반긴 것
은 '광주형 일자리 모델'을 토론하자는 것이었다.

　"광주 모델은 기아자동차 광주공장의 신규 노동자
임금을 평균 4천만 원가량으로 책정하되, 생산량을 현재
의 60만 대 수준에서 100만 대 수준으로 높이며 1만 개
의 새로운 일자리를 만들자는 기획이다. 이게 성사되려
면 기업 쪽은 외국으로 돌리던 신규 생산물량을 국내로
다시 가져와야 한다. 부품업체도 국내에서 찾아야 한다.
노동조합은 신규 노동자들에 대해 기존보다 낮은 임금을
받아들여야 한다. 대신 구직전쟁 중인 청년들에게는 양
질의 일자리가 대폭 늘어난다. 그것도 서울 수도권이 아
닌 지역이다. 그러나 광주 모델은 기업과 노조 쪽의 비협
조로 표류하고 있다. 이런 기획이야말로 노사정위원회

의 경영계와 노동계가 솔직하게 토론하고 방향을 잡아
줘야 하지 않을까."³

왜 이 말이 반가운가? 그간 이 '광주형 일자리 모델'
은 문제 해결의 잠재적 파워가 매우 크지만, 보수와 진보
를 막론하고 모두가 완전히 외면해온 이슈였기 때문이
다. 나는 『개천에서 용 나면 안 된다』에서 이를 '윤장현
모델'로 부르면서 소개한 바 있는데, 좀더 자세히 설명하
자면 이런 이야기다.

2014년 6·4 지방선거에서 '연봉 4,000만 원의 일
자리 1만 개 창출'을 핵심 공약으로 내걸고 광주시장에
당선된 윤장현은 '제3지대를 통한 새로운 기아차 공장
건립'을 추진하면서 "현재 기아차 근로자들의 연 평균 임
금인 8,500만 원 수준의 절반인 4,000만 원대 연봉을 받
는 새로운 공장을 건설하면 충분한 경쟁력이 있다"라며
정부의 지원을 요청한 바 있다.⁴

그러나 정부와 현대·기아차 노사는 물론 노동계·

언론·지식인 등 전 사회가 이 제안을 완전 무시로 일관하고 있다. 왜 그럴까? 우선 불신의 문제를 들 수 있다. 현대·기아차의 한 관계자는 "임금을 깎겠다는 제안은 긍정적이지만 임금 수준보다 더 큰 문제가 단체협약" 이라며 "노사 간 체결한 단체협약은 별도 법인을 세워 운영하지 않는 한 기아차의 국내 공장 근로자 전체에게 공통 적용되기 때문에 광주에 짓는 새 공장의 근로자들도 현행 단협 규정을 적용받을 수밖에 없다"라고 말했다. 노조와 단체협약을 개정하는 과정에서 수당 등 각종 임금 체계와 근로조건 등이 노조에 유리하게 바뀌면 광주 공장에도 그대로 적용되기 때문에 이 같은 부담이 큰 걸림돌이라는 것이다. 현대·기아차의 또 다른 관계자는 "(윤 장현) 광주시장과 지금 정부가 바뀌고 나면 그때는 (노조 등이) 또 어떤 요구를 들고 나올지 알 수 없는 것 아니냐" 면서 "결국 해외보다 경쟁력이 떨어지는 국내에는 공장을 늘릴 여유가 없다"라고 말했다.[5]

반대로 노조 쪽은 4,000만 원대 연봉 일자리가 궁극적으로 전 현대 · 기아차에 적용되는 일반 모델로 전환하거나 기존 노동자들의 이익을 침해하는 방향으로 작용할 가능성을 염려한다. 이런 어려움 때문에 모든 이가 '비현실적'이라고 지레 포기해버린 게 아닌가 싶다.

이 문제에 직접적인 이해관계를 갖고 있는 청년들은 각자도생하느라 모래알처럼 흩어져 있어 자신의 목소리조차 내지 못하고 있다. 정부의 부동산 정책이 청년들을 희생으로 한 것임에도 치솟는 주거비의 위협을 숙명처럼 받아들이면서 그저 비교적 싼 원룸이나 고시원 찾기에만 바쁘다. 그러나 사람이 참는 데에도 한계가 있는 법이다.

2015년 8월 18일 한겨레경제사회연구원이 출범하면서 '개원 심포지엄' 주제로 "이 땅에서 청년으로 산다는 것"을 잡았고, 이 주의 두 시사주간지는 표지 기사로 청년들의 고통과 비극을 다루었다. 『한겨레21』은 "청년을 위한 나라는 없다"라고 했고, 『주간경향』은 "박근혜의 노동 개혁 청년들이 답한다"와 더불어 "무엇이 '청년 정치'를 가로막는가"를 실었다. 이제 곧 봇물처럼 청년 들의 목소리와 저항이 터져나올 것이다.

　　전북대학교 학생 김명진은 "비단 일자리뿐만이 아 니다. 한정된 자원의 배분을 두고 이뤄지는 정책 결정의 배경에는 기성세대의 이해가 더 스며 있다. 정부의 부동 산 정책이 대표적이다. 집값의 안정보다는 부동산 경기 활성화를 통한 집값 상승에 정책의 방점이 찍혀 있다. 이 미 집을 보유한 기성세대들의 입김을 더욱 중히 여긴 까 닭이다"라며 다음과 같이 말한다.

　　"9988234라는 유행어가 있다. '99세까지 팔팔하게 살다가 2~3일 앓다가 죽자死'는 뜻이다. 100세 시대를 앞 둔 기성세대의 소망이 묻어 있다. 이 유행어는 사회적으 로 청년 세대에 대한 투자가 이뤄지지 않으면 이뤄질 수 없는 바람이다. 자칫 '99세까지 팔팔하게 살려는 기성세 대 때문에 20·30대는 죽어난다死'는 뜻으로 변질될지도 모른다. 청년에 대한 투자는 소모적 복지가 아니다. 세대 갈등을 해결하기 위한 출발점이자 미래에 대한 희망이 지속될 수 있는 유일한 길이다. 그 출발은 청년 정치인 양성에 있다. 세대갈등에서 목소리를 내지 못하는 청년들이 이내 좌절하고 꿈을 접는 나라는 미래가 어둡다. 도산 안창호는 '낙망絶望은 청년의 죽음이요, 청년이 죽으면 민족이 죽는다'고도 말했다."[6]

우리가 '윤장현 모델'을 완전 무시하는 이면엔 문제의 근본을 피해가고자 하는 심리가 도사리고 있다. 즉, 우리 모두 '좋은 일자리'에만 집착할 뿐 그런 일자리의 수혜를 얼마나 많은 사람이 누릴 수 있는지에 대한 생각은 전혀 하지 않는다는 것이다. 이와 관련, 김대호는 우리가 생각하는 좋은 일자리가 1인당 GDP의 보통 2배 이상을 받는 것인데, 선진국에서는 괜찮은 일자리라고 하면 1인당 GDP의 1배짜리라는 점에 주목하자고 말한다.

"(대기업 노동자도) 1인당 평균 수준보다도, 노동시장

가격보다도 2~3배를 더 받았단 말이에요. 구조조정은
당연히 불가능하죠. 여기서는 떨어지면 살인이라는 소
리가 나오고, 실제로 보면 많이 죽었단 말이에요. 그러면
이런 일자리가 어떻게 생겨나겠어요. 입장 바꿔놓고. 이
런 일자리를 어떻게 늘리겠어요? 그러니까 채용 안 하잖
아요. 그래서 좋은 일자리라는 게 계속 줄어들고 있다고
요. 그런데 우리의 마음속에는 여전히 이게 정상적인 일
자리라고 생각해요."[7]

그렇다. 우리 모두 솔직해지자. 우리의 그런 마음을
의심의 대상으로 삼지 않는 한 대기업 자본이 개과천선改
過遷善하고 환골탈태換骨奪胎한다 해도 청년 실업의 해결책
은 나올 수 없게 되어 있다는 것을 인정하자. 주로 자본
탓만 하는 진보의 대안은 상당한 진실은 있을지언정 문
제를 풀 수 있는 대안은 아니다. 우리는 이론적으론 승자
독식에 반대하면서도 우리의 일상적 삶에서 사실상 재화
와 기회를 어느 정도의 능력과 더불어 운 좋은 사람에게

몰아주는 '승자독식 문화'를 신봉해왔음을 성찰해보자.

역시 청춘의 힘인가? 청년 대표로 새정치민주연합 혁신위원회에 참여한 이동학이 그런 생각을 갖고 있다는 게 반갑거니와 놀랍다. 그는 "경제에도 햇볕정책이 필요하다. (당이) 대기업을 적대시하고 기업주와 노동자를 가해자와 피해자로 보는 인식에서 벗어나야 한다"라며 "우리 당은 노동자의 편에 서 있지만 태도에 있어서만큼은 기업가들을 대화 상대로 인정해야 한다"라고 밝혔다. 그는 최저임금 인상 문제에 대해서도 "대의에 동의하지만 최저임금이 인상되면 오히려 일자리에서 쫓겨날 수밖에 없는 시간제 노동자들, 당장 호주머니에서 사라질 돈을 걱정하는 자영업자들을 위한 대책도 함께 내놔야 한다"라면서 "이에 앞서 국회의원을 비롯한 고위공직자들의 연봉도 일정 부분 양보해야 한다"라고 말했다.[8]

어찌 국회의원을 비롯한 고위공직자들의 연봉뿐이랴. 승자독식의 원리에 따라 1인당 GDP의 2~3배 임금을 받는 모든 직업과 직종의 양보가 없이는 노동 문제, 아니 국민적 호구지책糊口之策의 문제는 결코 풀릴 수 없다. 이 단순 간명한 사실이 진보의 의제가 되기는커녕 오히려 금기가 되고 있는 현실, 바로 여기에 모든 문제의 답이 들어 있는 건 아닐까? 앞으로 연봉이 오르는 게 아니라 꽉 내려가는 게 아니냐고 두려워할 사람이 많겠지만, 걱정할 일 전혀 없다.

그 어떤 해법을 찾건 우리가 가장 경계해야 할 것은 단칼에 모든 걸 해결해보겠다는 성급한 한탕주의다. 그건 갈등의 폭발만 가져올 뿐 바람직한 변화를 가져올 수 없다. 우리에게 중요한 건 올바른 방향이지 과격한 속도가 아니다. 오랜 세월에 걸쳐 형성된 모순이 상식으로 통용되는 상황에서 우리에게 필요한 건 분노와 증오가 아니다. 미국의 신학자이자 정치학자인 라인홀드 니부어 Reinhold Niebuhr, 1892~1971가 강조한 "뱀의 지혜와 비둘기의 순진성"이다. "빛의 자녀는 어둠의 자녀가 갖고 있는 지혜를 갖추어야 하지만 그들의 사악함과는 무관하여야 한다. 빛의 자녀는 인간사회의 이기심의 힘을 알아야 하지만 그것에 도덕적 정당성을 주어서는 안 된다. 그들은 공동체를 위해서 이기심—개인적, 집단적 이기심—을 속이고 이용하고 억제하기 위해 그러한 지혜를 가져야만 한다."[9]

물론 지금 청년들은 "뱀의 지혜와 비둘기의 순진성"과는 거리가 멀다. 멀어도 너무 멀다. 사적 차원에선 '뱀의 지혜'를 가지려고 애쓰지만, 공적 차원에선 '비둘기의 순진성'만을 갖고 있을 뿐이다. 공사公私 영역을 융합시키지 않고선 '뱀의 지혜'는 결코 지혜일 수 없음에도 말이다. 그런 융합의 가능성은 꿈도 꿔본 적이 없다는 듯 잔인할 정도로 순진하기만 한 청년들을 대신해 우석훈은 "만약에 2008년에 이명박 정부가 4대강으로 22조 원을 쓰는 대신에 '청년경제' 혹은 '청년뉴딜'의 이름으로 4대강과는 다른 방식의 재정정책을 했더라면?"이라는 질문을 던진다.

"적어도 한국의 청년들이 위기 국면에 몰려 절반 이상이 비정규직을 전전하면서 미래에 대해서 아무 계획도 세우지 못하는 지금의 상황보다는 나아진 현실을 목격할 수 있었을 것이다.……이 상황을 한 문장으로 말하자면, 그때 우리는 이 땅에 사는 청년들의 미래를 강바닥에 처박았다고 할 수 있다."[10]

이 주장에 꼭 동의할 필요는 없지만, 우리에게 매우 중요한 질문을 던져준 건 분명하다. 청년 일자리를 위해 그간 정부는 무슨 일을 해왔던가? 청년들은 이런 질문을 던지지 않는다. 그럴 시간이 없다. 아니 아예 관심조차 없다. 비교적 싼 원룸이나 스펙 쌓는 법을 알아보는 데에 정신이 팔려 있다. 각자도생 파편화의 저주다. 청년들의 세계는 '외로운 분자들의 나라a nation of lonely molecules'로 전락한 지 오래다. 그래서 철저하게, 아니 처절할 정도로 일방적으로 당할 뿐이다.

그러나 이제 그러지 말자. "뱀의 지혜와 비둘기의 순
진성"으로 전진해보자. 청년들이 정당으로 쳐들어가야
한다는 말은 지금 당장 정당원이 되라는 것이 아니다. 현
단계에선 정치를 사랑하는 것 외에 다른 탈출구는 없다
는 것을 인정하는 것으로 족하다. 그러면 나머지 일은 저
절로 풀린다. 슬랙티비즘이나 '약한 연결의 힘'에 기대
를 걸고, 생활정치를 전업으로 할 대표 선수들에게 작은
관심과 지원을 보내주는 행동이 뒤따를 것이다.

청년유니온이나 민달팽이 모델의 전국적 확산이 필
요하다. 아니 청년들이 그런 관심과 지원을 조금만 보내
준다면 저절로 확산이 될 것이다. 그런 조직의 내부가 문
제가 생겨나면 자기교정을 할 수 있는 시스템을 구축하
자. 이걸 최우선으로 하자. 특정 인물, 특정 정치 세력에
게 올인하는 '빠의 정치'는 철저히 배격하자. 그간 수많
은 개혁진보 인사가 타락한 건 그런 자기교정 과정을 건
너뛴 채 '빠의 정치'에 안주한 탓이었으니 말이다.

취업난으로 고통 받는 청년들이 원하는 건 대단한 게 아니다. 그들이 원하는 건 '노력한 만큼 보상받는 사회'일 뿐이다.[11] 이게 뭐가 그렇게 큰 꿈이라고 그 꿈을 사회적 차원에서 이루는 걸 포기하고 각자도생의 길로 내몰려야 한단 말인가? 바리케이드 치지 않아도 되고 짱돌 들지 않아도 된다. 아니 그래선 안 된다. 토플책 들고 자신의 개인적 이익을 위해 할 일 다 해가면서 조금만, 아주 조금만, 공동 대응에도 관심을 보여주면 된다.

정당으로 쳐들어가기 위한 전 단계로 우선 투표소로 쳐들어가자. '종이 짱돌paper stone'을 들자는 말이다. 그간 청년들은 투표 행위가 주는 이득보다 투표를 하기 위한 비용이 크다는 생각으로 투표를 포기하는 이른바 '합리적 무시rational ignorance'를 해왔지만, 이제 그걸 합리적 무시로 보긴 어려울 것 같다. 매우 불합리한, 자학에 가까운 무시라고 보는 게 옳을 것이다.

청년의 정치 참여는 사명인가? 아니다. 재미다. 재미

여야 한다. 물론 투표도 재미다. 청년들의 투표율이 치솟
자마자 당장 나타날 변화의 양상을 게임하듯 즐겨보자.
난공불락의 요새로 여겼던 것들이 나의 작은 참여에 의
해 무너져 내리는 것을 보는 재미, 그리고 새로운 질서를
탄생시키는 재미를 만끽해보자. 한 방에 이루려는 한탕
주의는 좌절과 환멸을 부르는 첩경이다. 천천히, 서서히,
그러나 올바른 방향으로 한 걸음씩 발을 떼보자. 우리가
엄청난 변화의 티핑포인트 또는 임계점의 순간에 살고
있는 건 아닌지 그걸 확인해보는 것도 재미있지 않은가?

주

머리말 왜 12년 전 "정당으로 쳐들어가자!"는 실패했는가?

1) 이진송, 「빠순이 발로 차지 마라: 너는 누구에게 한 번이라도 찐득한 사람이었느냐」, 『채널예스』, 2015년 5월; http://ch.yes24.com/Article/View/27942.
2) 서보미, 「원박, 탈박, 친박, 비박의 역사를 아십니까」, 『한겨레』, 2015년 2월 7일.
3) 조성주, 「[출마의 변] 안녕하세요. 당대표 후보 조성주입니다」, 2015년 6월 15일; http://www.justice21.org/bbs/board_view.php?num=47995.

제1장 정치에 침을 퉤퉤 뱉어놓고 독식하려는 사람들

1) 김규항, 「88만원 세대와 88억 세대」, 『경향신문』, 2015년 2월 17일.
2) 엄기호, 「추천사/꿈은 이 시대 청춘의 덫이다」, 한윤형·최태섭·김정근, 『열정은 어떻게 노동이 되는가: 한국 사회를 움직이는 새로운 명령』(웅진지식하우스, 2011), 5쪽.
3) 짐 클리프턴(Jim Clifton), 정준희 옮김, 『갤럽 보고서가 예고하는 일자리 전쟁』(북스넷, 2013/2015), 5~11쪽; 이상민, 『일자리 전쟁: 디플레이션 시대를 준비하라』(청년정신, 2013).
4) 김호기, 「청춘은 위로받아야 한다」, 『한국일보』, 2015년 2월 17일.
5) 김정필, 「젊은 층 절반이 '5포 세대'」, 『한겨레』, 2015년 3월 4일.
6) 페터 비에리(Peter Bieri), 문항심 옮김, 『삶의 격: 존엄성을 지키며 살아가는 방법』(은행나무, 2013/2014), 100~101쪽.

7) 한윤형·최태섭·김정근, 『열정은 어떻게 노동이 되는가: 한국 사회를 움직이는 새로운 명령』(웅진지식하우스, 2011), 32쪽.

8) 최태섭, 『잉여사회: 남아도는 인생들을 위한 사회학』(웅진지식하우스, 2013), 21쪽; 김종목, 「저자와의 대화」 '잉여사회' 문화비평가 최태섭 씨」, 『경향신문』, 2013년 9월 7일.

9) 한윤형·최태섭·김정근, 『열정은 어떻게 노동이 되는가: 한국 사회를 움직이는 새로운 명령』(웅진지식하우스, 2011), 48, 105쪽.

10) 김찬호, 『모멸감: 굴욕과 존엄의 감정사회학』(문학과지성사, 2014), 176쪽.

11) 이진순, 「대한민국 제1야당이 동네 치킨집보단 나아야지: 임미애 새정치민주연합 혁신위 대변인」, 『한겨레』, 2015년 7월 18일.

12) 한귀영, 「진보정치의 열린 틈새」, 『한겨레』, 2015년 7월 20일.

13) 강준만, 「왜 여성이 남성보다 우울증에 많이 빠지는가?: 학습된 무력감」, 『우리는 왜 이렇게 사는 걸까?: 세상을 꿰뚫는 50가지 이론 2』(인물과사상사, 2014), 171~176쪽 참고.

14) 강준만, 「왜 정치와 행정은 사익을 추구하는 비즈니스인가?: 공공 선택 이론」, 『감정 독재: 세상을 꿰뚫는 50가지 이론』(인물과사상사, 2013), 291~295쪽 참고.

15) 구혜영, 「[생활정치로 길 찾는 청년들] 정치, 청년을 팔다」, 『경향신문』, 2015년 7월 18일.

16) 이정은, 「[우리의 문제는 정치에 답이 있다 II] (1·⑥) 정치 신인 없는 한국 정치」, 『파이낸셜뉴스』, 2015년 3월 25일.

17) 강병한, 「[기자메모] 문·안 지지자들의 씁쓸한 '조문 공방'」, 『경향신문』, 2013년 6월 10일.

18) 전홍기혜, 「'빠'의 정치? '싸가지' 정치를 넘어…정당정치로」, 『프레시안』, 2007년 10월 12일.

19) 이 말은 박상훈의 다음과 같은 주장에서 가져온 것이다. "민주적 토론이라는 가치에 맞게 의견을 형성하는 방법은 옳고 그름의 전선(戰線)을 만들지 않는 데 있다. 옳고 그름을 두고 다투는 것은 상대를 제압하고 배제하려는 열정을 만든다. 그러면 이견과 공존하기 어렵다. 반면 민주적 토론은 좀더 나은 것을 모색하고 좀더 바람직한 것을 추구한다. 그래야 평화롭게 싸우고, 최종적으로 해결할 수 없는 차이가 남는다면, 조정과 타협을 모색할 수 있다." 박상훈, 『정당의 발견: 민주주의에서 정당이란 무엇이고 또 무엇일 수 있을까』(후마니타스, 2015), 19쪽.

20) C. 프레드 앨퍼드(C. Fred Alford), 남경태 옮김, 『한국인의 심리에 관한 보고서』(그린비, 1999/2000), 161쪽.

21) 이철희, 「대통령은 어떻게 민주주의를 해치는가?」, 『월간 인물과 사상』, 제208호(2015년 8월), 101~102쪽.

22) 비키 쿤켈(Vicki Kunkel), 박혜원 옮김, 『본능의 경제학: 본능 속에 숨겨진 인간 행동과 경제학의 비밀』(사이, 2008/2009), 85~86쪽.

23) 유창선, 「성찰 없는 괴물이 되어버린 진보」, 『주간경향』, 제1128호(2015년 6월 2일).

24) 이철희, 「486의 침묵과 염태영·이재명의 도전」, 『경향신문』, 2015년 5월 19일.

25) 막스 베버(Max Weber), 이상률 옮김, 『직업으로서의 학문/직업으로서의 정치』(문예출판사, 1994), 125쪽.

26) Eric Hoffer, 『The True Believer: Thoughts on the Nature of Mass Movements』(New York: Harper & Row, 1951/2010), p.98.

27) Eric Hoffer, 『The True Believer: Thoughts on the Nature of Mass Movements』(New York: Harper & Row, 1951/2010), pp.7, 38; 톰 버틀러 보던(Tom Butler-Bowdon), 이정은 옮김, 『내 인생의 탐나는 심리학 50』(흐름출판, 2007/2008), 87~90쪽.

28) 아마르티아 센(Amartya Sen), 이상환·김지현 옮김, 『정체성과 폭력: 운명이라는 환영』(바이북스, 2006/2009), 33쪽.

29) 로버트 미지크(Robert Misik), 서경홍 옮김, 『좌파들의 반항: 마르크스에서 마이클 무어에 이르는 비판적 사고』(들녘, 2005/2010), 253~255쪽.

제2장 '바리케이드와 짱돌'에 중독된 진보좌파

1) 조의준, 「'票퓰리즘' 함정에 빠진 與野」, 『조선일보』, 2015년 5월 5일.

2) 차학봉, 「투표율 저조한 젊은층, 복지 혜택도 적다는데…」, 『조선일보』, 2014년 11월 27일.

3) 김영욱, 「표(票)퓰리즘의 종말」, 『중앙일보』, 2015년 5월 7일.

4) 「Gerontocracy」, 『Wikipedia』.

5) 김회승, 「[유레카] 제론토크라시」, 『한겨레』, 2015년 5월 14일.

6) 이상언, 「할아버지 세대의 파탄」, 『중앙일보』, 2015년 5월 7일.

7) 김민상, 「청년 끌어들이려…산업단지에 편의점·커피숍 허용」, 『중앙일보』, 2015년 7월 31일.

8) 제러미 리프킨(Jeremy Rifkin), 이원기 옮김, 『유러피언 드림: 아메리칸 드림의 몰락과 세계의 미래』(민음사, 2004/2005), 328쪽; 박종훈, 『지상최대의 경제사기극, 세대전쟁』(21세기북스, 2013), 292쪽.

9) 베르나드 스피츠(Bernard Spitz), 박은태·장유경 옮김, 『세대 간의 전쟁』(경연사, 2009), 16, 26~27쪽.

10) 토드 부크홀츠(Todd G. Buchholz), 이성훈 옮김, 『유쾌한 경제학』(김영사, 1995/1996), 60쪽; 「Generational accounting」, 『Wikipedia』.

11) 로렌스 코틀리코프(Laurence J. Kotlikoff) · 스콧 번스(Scott Burns), 김정혜 · 장환 옮김, 『다가올 세대의 거대한 폭풍』(한언, 2004), 19쪽.

12) 로렌스 코틀리코프(Laurence J. Kotlikoff) · 스콧 번스(Scott Burns), 정명진 옮김, 『세대 충돌』(부글북스, 2012), 60, 63, 186쪽.

13) 박종훈, 『지상최대의 경제사기극, 세대전쟁』(21세기북스, 2013), 293~294쪽; Michael D. Eisner & Marc Freedman, 「Generational Warfare Is a Media Myth: Seniors and Kids Need Each Other」, 『Huffington Post』, January 14, 2014; 「Intergenerational equity」, 『Wikipedia』.

14) 박종훈, 『지상최대의 경제사기극, 세대전쟁』(21세기북스, 2013), 4~9쪽.

15) 한윤형, 『청춘을 위한 나라는 없다: 청년논객 한윤형의 잉여 탐구생활』(어크로스, 2013), 161~162, 174쪽.

16) 김규항, 「88만원 세대와 88억 세대」, 『경향신문』, 2015년 2월 17일.

17) 우석훈 · 박권일, 『88만원 세대: 절망의 시대에 쓰는 희망의 경제학』(레디앙, 2007), 77~79쪽.

18) 한윤형, 『청춘을 위한 나라는 없다: 청년논객 한윤형의 잉여 탐구생활』(어크로스, 2013), 176~177쪽.

19) 「88만원 세대」, 『위키백과』.

20) 최민영, 「가혹한 멘토들」, 『경향신문』, 2015년 1월 24일.

21) 강준만, 「왜 지나간 세월은 늘 아쉽기만 한가?: 기회비용」, 『감정 독재: 세상을 꿰뚫는 50가지 이론』(인물과사상사, 2013), 101~106쪽 참고.

22) 로버트 W. 맥체스니(Robert W. McChesney), 전규찬 옮김, 『디지털 디스커넥트: 자본주의는 어떻게 인터넷을 민주주의의 적으로 만들고 있는가』(삼천리, 2014), 7~8쪽.

23) 전영선, 「"노동자 · 중산층의 분화…현대는 7계급 사회"」, 『중앙일보』, 2013년 4월 5일.

24) 미국 서던캘리포니아대학의 전기공학과 교수 바트 코스코(Bart Kosko)는 『퍼지식 사고(Fuzzy Thinking: The New Science of Fuzzy Logic)』(1993)에서 "퍼지 논리는 서양의 논리가 끝나는 곳에서 시작한다"라며 이렇게 말한다. "아인슈타인의 상대성 이론은 '모든 것이 상대적이다'라는 주장에 새로운 힘을 주었다. 퍼지 논리와 이것을 사용하는 기계는 '회색이 좋다' 그리고 '모든 것은 정도의 문제이다'라는 것을 우리에게 일깨워준다. 우리는 흑과 백의 옛날을 그리워하게 될지도 모른다. 그러나 그것을 그리워하겠지만, 그들이 완전히 사라졌다는 것을 그리워하지는 않을 것이다." 바트 코스코(Bart Kosko), 공성곤 · 이호연 옮김, 『퍼지식 사고』(김영사, 1993/1995), 41, 359쪽.

25) 「[사설] 최악의 노인 빈곤율 더 이상 방치 안 된다」, 『경향신문』, 2015년 5월 23일.

26) 우석훈 · 박권일, 『88만원 세대: 절망의 시대에 쓰는 희망의 경제학』(레디앙, 2007), 289~291쪽.

27) 박상훈, 『정당의 발견: 민주주의에서 정당이란 무엇이고 또 무엇일 수 있을까』(후 마니타스, 2015), 161~163쪽.

28) 한윤형, 『청춘을 위한 나라는 없다: 청년논객 한윤형의 잉여 탐구생활』(어크로스, 2013), 233쪽.

29) 조성주, 『대한민국 20대 절망의 트라이앵글을 넘어: 88만원 세대의 희망찾기』(시 대의창, 2009), 6쪽.

30) 조성주, 『대한민국 20대 절망의 트라이앵글을 넘어: 88만원 세대의 희망찾기』(시 대의창, 2009), 150~151쪽.

31) 고원, 「청년세대에 바통을 넘겨라」, 『경향신문』, 2015년 7월 2일.

제3장 "청년은 진보와의 결별도 불사해야 한다"

1) 홍성원 · 김기훈, 「이인제 "고용절벽에 절망하는 청년 방치하는 건 죄악"」, 『헤럴드 경제』, 2015년 7월 28일.

2) 신용호 · 남궁욱, 「"우리 아들딸 위해" 노동개혁 강조···5차례 "간곡히 부탁"」, 『중 앙일보』, 2015년 8월 7일.

3) 신용호, 「"고통 두려워 개혁 미루면 후손 100배 고통"」, 『중앙일보』, 2015년 8월 8일.

4) 남궁욱, 「김무성 "600만 표 날아가도 노동 개혁"」, 『중앙일보』, 2015년 8월 10일.

5) 나오미 클라인(Naomi Klein), 김소희 옮김, 『쇼크 독트린: 자본주의 재앙의 도래』 (살림비즈, 2007/2008), 15쪽.

6) 이동훈 · 정우상, 「"청년票心 잡아라"···김무성 · 문재인, 일자리 논쟁」, 『조선일보』, 2015년 7월 31일.

7) 이용욱 · 조미덥, 「'노동 개혁으로 청년 표 확장' 여권의 총선 셈법」, 『경향신문』, 2015년 8월 8일.

8) 김기천, 「청년 '고용절벽'에 대한 野黨의 침묵」, 『조선일보』, 2015년 8월 5일.

9) 노정태, 「청년들의 미래를 위한 투쟁」, 『경향신문』, 2015년 5월 18일.

10) 박송이, 「[표지 이야기] 이데올로기 없이도 세상을 바꿀 수 있다」, 『주간경향』, 제 1133호(2015년 7월 7일).

11) Sanford D. Horwitt, 『Let Them Call Me Rebel: Saul Alinsky–His Life and Legacy』(New York: Vintage Books, 1989/1992), pp.524~526; Saul D. Alinsky, 「Afterword to the Vintage Edition」, 『Reveille for Radicals』(New York: Vintage Books, 1946/1989), p.229.

12) Sanford D. Horwitt, 『Let Them Call Me Rebel: Saul Alinsky-His Life and Legacy』(New York: Vintage Books, 1989/1992), p.528.

13) 이태희, 「당신 80년대에 뭐 했어?」, 『한겨레』, 2015년 8월 1일.

14) 박수진, 「조성주 "586 정치인 도덕적 우월감과 선민의식에 놀랐다"」, 『한겨레』, 2015년 8월 4일.

15) 이태희, 「당신 80년대에 뭐 했어?」, 『한겨레』, 2015년 8월 1일.

16) 이태희, 「당신 80년대에 뭐 했어?」, 『한겨레』, 2015년 8월 1일.

17) 박송이, 「[표지 이야기] 이데올로기 없이도 세상을 바꿀 수 있다」, 『주간경향』, 제1133호(2015년 7월 7일).

18) 김윤철, 「'정의당 모형'의 개막」, 『경향신문』, 2015년 7월 8일.

19) 지그문트 프로이트(Sigmund Freud), 김석희 옮김, 『문명 속의 불만』(열린책들, 1997), 303쪽.

20) 로버트 스턴버그(Robert J. Sternberg) · 카린 스턴버그(Karin Sternberg), 김정희 옮김, 『우리는 어쩌다 적이 되었을까?』(21세기북스, 1998/2010), 147~148쪽.

21) 리처드 세넷(Richard Sennett), 유병선 옮김, 『뉴캐피털리즘: 표류하는 개인과 소멸하는 열정』(위즈덤하우스, 2006/2009), 192~198쪽. 강준만, 「왜 근린증오가 더 격렬할까?: 사소한 차이에 대한 나르시시즘」, 『우리는 왜 이렇게 사는 걸까?: 세상을 꿰뚫는 50가지 이론 2』(인물과사상사, 2014), 111~115쪽 참고.

22) 신기주, 『생각의 모험: 인생의 모서리에서 만난 질문들』(인물과사상사, 2015), 179쪽.

23) 박유리, 「"용기 있는 타협과 작은 성공으로 단단해져라": 정의당 대표 출마한 조성주 씨」, 『한겨레』, 2015년 6월 27일.

24) 박송이, 「[표지 이야기] 이데올로기 없이도 세상을 바꿀 수 있다」, 『주간경향』, 제1133호(2015년 7월 7일).

25) 조성주, 『알린스키, 변화의 정치학』(후마니타스, 2015), 53쪽.

26) 박유리, 「"용기 있는 타협과 작은 성공으로 단단해져라": 정의당 대표 출마한 조성주 씨」, 『한겨레』, 2015년 6월 27일.

27) 박다해, 「[일문일답] 조성주 정의당 대표 후보 "증세, 노조부터 설득할 것…기존 노조 대변하는 데 그쳐선 안 돼"」, 『the300』, 2015년 6월 22일.

28) 「[사설] 조성주의 2세대 진보정치 도전 계속돼야 한다」, 『경향신문』, 2015년 7월 13일.

제4장 "우리는 한꺼번에 되찾으리라"라는 '한탕주의'

1) 박성민 · 강양구, 『정치의 몰락: 보수 시대의 종언과 새로운 권력의 탄생』(민음사, 2012), 280~284쪽.

2) 원혜영, 「정부, '위대한 기부' 위해 '기부 불신' 내려놓아야」, 『중앙일보』, 2014년 10월 3일.

3) 이와 관련, 이른바 '반부패 담론'이 정치를 죽인다는 박상훈의 주장도 경청할 만하다. "선거운동에 제약이 많아진 것도 일반 유권자와 접촉하면 돈의 유혹이 생기기 때문이라는 논리로 이루어졌다. 민주주의의 대중적 기반을 넓히면서 문제를 해결하려 한 것이 아니라, 대중과 정치를 단절시켜 문제를 해결하려 한 것이다. 돈과 부패의 문제를 없애기 위해 민주주의를 축소시킨다? 이게 옳은 접근일 수는 없는데, 그간 정치 개혁의 모든 것이 이런 식이었다. 그 결과는 어땠을까? 투표하는 것 이외에 일반 대중이 할 수 있는 정치 참여는 사실상 어려워졌다. 대중적 선거운동, 대중적 선거참여, 대중적 정치헌금 모두가 막혀 있다고도 할 수 있다. 가난한 보통 시민들이 가진 수단은 '수의 힘'인데, 그 힘을 사용할 수가 없는 구조이다." 박상훈, 『정당의 발견: 민주주의에서 정당이란 무엇이고 또 무엇일 수 있을까』(후마니타스, 2015), 325~326쪽.

4) 하어영, 「"혁신·체질 개선" 공감대 확산…'어떻게' 두곤 고민 깊어: 7·30 참패 야당 어디로 ③ 지금 새정치 무슨 고민을 하나」, 『한겨레』, 2014년 8월 4일.

5) 김종목·이지선·임지선, 「"시장만능 정치가 각자의 삶 위협한다는 자각"」, 『경향신문』, 2008년 6월 18일.

6) 이진순, 「대한민국 제1야당이 동네 치킨집보단 나아야지: 임미애 새정치민주연합 혁신위 대변인」, 『한겨레』, 2015년 7월 18일.

7) 정우상, 「김상곤 첫날부터 "계파 모임 중단하라"」, 『조선일보』, 2015년 5월 28일.

8) 정해구, 「새정치민주연합의 '마지막 혁신'」, 『경향신문』, 2015년 6월 18일.

9) '물갈이'와 '고기갈이' 비유는 내 아이디어는 아니다. 안철수의 다음과 같은 말에서 '그거 말 되네'라는 생각으로 빌려온 것이다. "우리나라가 너무 사람 중심인 거 같아요. 물갈이, 정치권에서 많이 쓰잖아요. 국민들이 많이 원하는 게 물갈이라고 해요. 실제로 보면 고기갈이를 해요. 근데 물이 굉장히 탁하고 오염된 물이면 땟깔 좋은 고기를 넣으면 죽어요.……우리가 고민해야 되는 게 물갈이, 제도를 통해 좋은 사람들이 제대로 역할을 할 수 있도록 바꾸는 노력이 필요한데 물갈이, 물갈이, 말해놓고 전부 고기갈이 하고 있는 이걸 어떻게 해석해야 하나. 국민들이 물갈이를 요구해놓고서는 고기갈이를 하고 있는 정치권에 대해서 아무런 문제의식 없이 있는 거는 이상해요. 이해가 안 가. 왜 그럼 물갈이란 표현을 했을까. 그런 엉뚱한 생각도 해요.(웃음)" 김태은, 「"고기갈이를 왜 물갈이라고 부르지?"…안철수의 의문」, 『머니투데이』, 2015년 7월 24일.

10) 김진국, 「다당제와 다수결」, 『중앙일보』, 2015년 8월 7일.

11) 박송이, 「[표지 이야기] 이데올로기 없이도 세상을 바꿀 수 있다」, 『주간경향』, 제1133호(2015년 7월 7일).

12) 김민수, 「2세대 진보정치와 2세대 사회운동」, 『한겨레』, 2015년 7월 7일.

13) 김고은, 「"언론, '고시원 사는 친구'에 관심…그 너머 청년을 봐달라"」, 『기자협회보』, 2015년 4월 29일.

14) 조성주, 『알린스키, 변화의 정치학』(후마니타스, 2015), 8쪽.

15) 크리스토퍼 얼리(Chrsitopher Earley)·순 앙(Soon Ang)·주셍 탄(Joo-Seong Tan), 박수철 옮김, 『문화지능: 글로벌 시대 새로운 환경을 위한 생존전략』(영림카디널, 2006/2007), 110~111쪽; 캐럴라인 애덤스 밀러(Caroline Adams Miller) 외, 우문식·박선령 옮김, 『어떻게 인생 목표를 이룰까?: 와튼스쿨의 베스트 인생 만들기 프로그램』(물푸레, 2011/2012), 54~55쪽.

16) 칩 히스(Chip Heath)·댄 히스(Dan Heath), 안진환 옮김, 『스위치: 손쉽게 극적 인 변화를 이끌어내는 행동설계의 힘』(웅진지식하우스, 2010), 209쪽.

17) 토머스 길로비치(Thomas Gilovich), 이양원·장근영 옮김, 『인간 그 속기 쉬운 동물: 미신과 속설은 어떻게 생기나』(모멘토, 1991/2008), 222~223쪽; 「Self-handicapping」, 『Wikipedia』.

18) 강준만, 「왜 시험만 다가오면 머리가 아프거나 배가 아픈 수험생이 많은가?: 자기 열등화 전략」, 『우리는 왜 이렇게 사는 걸까?: 세상을 꿰뚫는 50가지 이론 2』(인 물과사상사, 2014), 122~127쪽 참고.

19) Robert W. Fuller, 『Somebodies and Nobodies: Overcoming the Abuse of Ranks』(Gabriola Island, Canada: New Society Publishers, 2003/2004), p.92.

20) 임귀열, 「[임귀열 영어] There never was a good war or a bad peace(좋은 전쟁 없고 나쁜 평화 없다)」, 『한국일보』, 2010년 12월 1일.

21) 김고은, 「"언론, '고시원 사는 친구'에 관심…그 너머 청년을 봐달라"」, 『기자협회보』, 2015년 4월 29일.

22) 김고은, 「"언론, '고시원 사는 친구'에 관심…그 너머 청년을 봐달라"」, 『기자협회보』, 2015년 4월 29일.

23) 박민영, 「선거는 국민의 뜻을 반영하는가?」, 『월간 인물과 사상』, 2008년 6월, 56쪽.

24) 엄기호, 『이것은 왜 청춘이 아니란 말인가: 20대와 함께 쓴 성장의 인문학』(푸른 숲, 2010), 161~162쪽.

25) 이정은, 「[우리의 문제는 정치에 답이 있다 II] (1·⑥) 정치 신인 없는 한국 정 치」, 『파이낸셜뉴스』, 2015년 3월 25일.

26) 2013년 5월 여야 젊은 초선 의원 6명이 모인 '함께 여는 미래'는 청년 정치 지 망생들의 정치 입문과 미래 인재 육성 등을 위해 정당 국고보조금의 5퍼센트를 청년을 위해 의무적으로 사용하는 방안을 추진하겠다고 했다. 이들은 정당 국고

보조금의 5퍼센트 청년사업 의무할당제는 기존 정당에 참여하고자 하는 청년들이 낡은 정치문화의 장벽에 가로막혀 정치 신인으로 발돋움하기 어려운 현실을 개선하자는 취지라고 했다. 2015년 3월에는 원혜영 의원 대표 발의로 지방선거 지역구 청년의무공천제를 내용으로 하는 공직선거법 개정안이 제출되었다. 여성 의무공천제와 같이 지방선거에서 국회의원 선거구별로 최소한 청년 1인 이상을 지역구에 공천하도록 한다는 것이다. 황비웅, 「여야 초선 6명 "정당보조금 5% 청년에게 쓰자"」, 『서울신문』, 2013년 5월 23일; 김은희, 「마흔다섯 살 청년 정치인?」, 『미디어오늘』, 2015년 6월 17일.

27) 김유섭, 「진정으로 청년이 정치에 참여하길 원한다면 또 그것이 옳다고 생각한다면」, 2015년 7월, 필자의 '글쓰기 특강'에 제출된 글.

28) 김신철, 「깔보는 정치와 깔리는 청년」, 2015년 7월, 필자의 '글쓰기 특강'에 제출된 글.

29) 김은희, 「마흔다섯 살 청년 정치인?」, 『미디어오늘』, 2015년 6월 17일; 정우상·김아진, 「호남·非盧의원들 光州 회동 "이대론 총선 어렵다"」, 『조선일보』, 2015년 8월 10일.

30) 이지상, 「김상곤 "국회의원 후보 10% 청년에 할당"」, 『중앙일보』, 2015년 8월 10일.

31) 박은하, 「[생활정치로 길 찾는 청년들] 유럽·미국 정당 '정치 후속세대' 양성에 적극…한국 정당은 '영입'만 하고 육성 외면」, 『경향신문』, 2015년 7월 18일.

32) 한윤형, 『청춘을 위한 나라는 없다: 청년논객 한윤형의 잉여 탐구생활』(어크로스, 2013), 289~290쪽.

33) 박은하, 「[생활정치로 길 찾는 청년들] 유럽·미국 정당 '정치 후속세대' 양성에 적극…한국 정당은 '영입'만 하고 육성 외면」, 『경향신문』, 2015년 7월 18일.

34) 고정애, 「택시 타는 하원의장」, 『중앙일보』, 2015년 8월 6일.

제5장 왜 「개천에서 용 나면 안 된다」는 '불온서적'이 되었는가?

1) 이와 관련, 전국경제인연합회는 2015년 5월 "통계청의 '2013년 기업 생멸(生滅) 행정통계'를 분석한 결과, 우리나라 중소기업의 비중은 99퍼센트가 맞지만 고용하는 직원 비중은 76퍼센트로 나타났다"며 '9988'이 아닌 '9976'이라고 밝혔다. 신은진, 「한국 경제 中企 비중, 9988 아닌 9976」, 『조선일보』, 2015년 5월 19일.

2) 홍석재, 「구인·구직 '엇박자'…일자리 수급 불일치 커져」, 『한겨레』, 2015년 7월 29일.

3) 김태형, 『불안증폭사회: 벼랑 끝에 선 한국인의 새로운 희망 찾기』(위즈덤하우스, 2010), 27쪽.

4) 「[사설] 지방·수도권大 취업률 역전, '직장 눈높이 낮추라'는 경고」, 『조선일보』, 2014년 9월 1일.

5) 정상근, 『나는 이 세상에 없는 청춘이다: 대한민국 청춘의 생태 복원을 위한 보고서』(시대의창, 2011), 120쪽.

6) 류이근, 「임금노동자 87%가 중소기업에: 대기업 독식 끊어야 가계 '숨통'」, 『한겨레』, 2014년 7월 22일; 조중식, 「中小기업 살리기 백만 번 외쳐본들」, 『조선일보』, 2015년 4월 30일; 이주영, 「돈 안 주고 미루고, 메일로 발주 취소…하도급 '갑질' 여전」, 『경향신문』, 2015년 5월 14일; 장슬기, 「대기업에 사업 아이템 들고 갔다 털린 사연」, 『미디어오늘』, 2015년 5월 20일; 곽정수, 「LG화학 '갑질'에 중기 '와르르'」, 『한겨레』, 2015년 5월 27일; 「[사설] 하청업체 기술 빼돌리는 게 대기업의 상생경영인가」, 『경향신문』, 2015년 5월 28일; 이인열, 「부품업체가 떨고 있다」, 『조선일보』, 2015년 6월 15일; 이혜리, 「7년 키운 브랜드, 대기업에 사업권 넘어가…"이게 상생인가"」, 『경향신문』, 2015년 7월 27일; 이혜리, 「중소기업 적합 업종 보호법·남양유업 방지법 아직 국회 '낮잠'」, 『경향신문』, 2015년 7월 27일; 채성진·조재희, 「"인건비 대신 내라" "뒷돈 상납하라"…롯데, 납품업체 쥐어짜며 성장」, 『조선일보』, 2015년 8월 7일.

7) 이인열, 「부품업체가 떨고 있다」, 『조선일보』, 2015년 6월 15일.

8) 「[사설] 지방·수도권大 취업률 역전, '직장 눈높이 낮추라'는 경고」, 『조선일보』, 2014년 9월 1일.

9) 김용섭, 『가면을 쓴 사람들: 라이프 트렌드 2015』(부키, 2014), 95쪽.

10) Daniel Akst, 「A Craving for Acceptance」, 『The Wall Street Journal(Internet)』, March 5, 2011.

11) 로런스 코틀리코프(Laurence J. Kotlikoff)·스콧 번스(Scott Burns), 정명진 옮김, 『세대 충돌』(부글북스, 2012), 163쪽.

12) 「Higher education bubble」, 『Wikipedia』.

13) 이슬기, 「"대학 괜히 갔다" 20대 10명 중 7명 대학 진학 후회」, 『헤럴드경제』, 2013년 10월 21일.

14) 김정필, 「취직도 전에 '빚이 2,800만 원'」, 『한겨레』, 2015년 2월 10일.

15) 최규민 외, 「[금융文盲 대한민국] [3] "빚 무서운 줄 알았어야 했는데…信不者되니 사람 취급 않더라"」, 『조선일보』, 2015년 3월 14일.

16) 김성탁, 「서울로 대학 보낸 지방 학부모의 하소연」, 『중앙일보』, 2015년 3월 13일.

17) 박선영, 「당신은 '혁신엄마'입니까?」, 『한국일보』, 2014년 6월 13일; 김규항·지승호, 『가장 왼쪽에서 가장 아래쪽까지: B급 좌파 김규항이 말하는 이 시대의 진보와 영성』(알마, 2010), 299쪽.

18) 우석훈·박권일, 『88만원 세대: 절망의 시대에 쓰는 희망의 경제학』(레디앙,

2007), 177쪽.

19) 한윤형, 『청춘을 위한 나라는 없다: 청년논객 한윤형의 잉여 탐구생활』(어크로스, 2013), 198~200쪽.

20) 박민희, 「오바마의 '경제민주화'」, 『한겨레』, 2015년 1월 22일.

21) 윤희일, 「수도권 기업 지방 이전 때 입지 보조금 폐지…비수도권 "박근혜 정부도 지방 죽이기" 반발」, 『경향신문』, 2013년 6월 10일.

22) 「사설」 '자치임'가 되레 지방자치 발목 잡는다니」, 『부산일보』, 2015년 4월 30일.

23) 김준호, 「[정부 수도권 규제 완화 움직임과 전북도 대응 전략] "지역균형발전 · 상생방안 마련 우선"」, 『전북일보』, 2015년 8월 4일.

24) 김준호, 「수도권 규제 완화 4대 과제 추가 시행 땐 지역경제 '초토화' 된다」, 『전북일보』, 2015년 8월 4일.

25) 이경재, 「'영남민국'과 박 대통령의 허언」, 『전북일보』, 2015년 3월 9일.

26) 강준만, 『개천에서 용 나면 안 된다: 갑질 공화국의 비밀』(인물과사상사, 2015).

27) 김신철은 이 글을 다음과 같이 끝맺었다. "한때 인터넷에서 유행한 '허니버터 칩'은 없어서 못 팔 정도로 이례적인 인기를 끌었다. 제조사인 해태제과는 '1년 9개월 동안의 연구로 가장 적합한 꿀의 배합을 찾은 것이 비결'이라고 말했다. 하지만 허니버터 칩의 꿀 함유량은 0.01퍼센트가 조금 못 되는 수준이다. 마찬가지로 인생의 꿀맛을 보는 사람은 소수에 불과하다. 하지만 사회는 함유량을 언급하지 않고, '모두가 성공할 수 있는', '개천에서 용 나는' 사회를 여전히 외치고 있다. 이제는 함유량이 점점 줄어들어 '개천에서 용맛'만 희미하게 나는 사회다. 정말 해야 할 일은 그런 허탈한 거짓말을 멈추고, 개천에서 용을 쓸 수 있는 사회를 만드는 것이다."

28) 「사설」 지역대학 경쟁력이 지역의 백년미래 결정한다」, 『강원일보』, 2015년 7월 23일.

29) 유종일, 『진보경제학: 철학, 역사 그리고 대안』(모티브북, 2012), 161쪽.

30) 박선영, 「그래도 개천에서 용 난다」, 『한국일보』, 2015년 7월 7일.

31) 정아은, 『잠실동 사람들: 정아은 장편소설』(한겨레출판, 2015), 90쪽.

32) 한승동, 「부모의 문화자본이 자녀의 학벌을 좌우」, 『한겨레』, 2013년 12월 30일; 김현주, 『입시가족: 중산층 가족의 입시 사용법』(새물결, 2013), 117~118, 188~191쪽.

33) 김현주, 『입시가족: 중산층 가족의 입시 사용법』(새물결, 2013), 116쪽.

제6장 '밥상머리' 세뇌 교육과 '박원순 모델'을 넘어서자

1) 권기종, 「'스와핑' 회원 5,000명 충격」, 『경향신문』, 2005년 3월 23일, 9면; 김현섭, 「집단으로 마약에 '스와핑' 성관계…광란의 파티 벌인 모델 지망생 등 무더기

검거」, 『쿠키뉴스』, 2015년 5월 7일.

2) 김호기, 「연대적 개인주의를 향하여」, 『경향신문』, 2015년 2월 13일.

3) 노현웅, 「4가구 가운데 1가구는 '나홀로 가구'」, 『한겨레』, 2013년 1월 31일; 이석우, 「희미해진 소속감…대학생 3명 중 1명 "나는 아웃사이더"」, 『조선일보』, 2011년 6월 23일.

4) 강준만, 「왜 친구가 해준 소개팅은 번번이 실패할까?: 약한 연결의 힘」, 『독선 사회: 세상을 꿰뚫는 50가지 이론 4』(인물과사상사, 2015), 230~235쪽 참고.

5) 하승창 편, 『왜 우리는 더불어 사는 능력이 세계 꼴찌일까?: 불신·불안·불통·불행의 우리시대를 말하다』(상상너머, 2012), 76~88쪽.

6) 구본기, [왜냐면] '청년세대의 탈정치화' 극복할 키워드, '재미'」, 『한겨레』, 2015년 7월 2일.

7) 조순주, 「공간을 주세요」, 2015년 7월, 필자의 '글쓰기 특강'에 제출된 글.

8) 김신철, 「깔보는 정치와 깔리는 청년」, 2015년 7월, 필자의 '글쓰기 특강'에 제출된 글.

9) 박상훈, 『정당의 발견: 민주주의에서 정당이란 무엇이고 또 무엇일 수 있을까』(후마니타스, 2015), 22~23쪽.

10) 구본기, [왜냐면] '청년세대의 탈정치화' 극복할 키워드, '재미'」, 『한겨레』, 2015년 7월 2일.

11) 조순주, 「공간을 주세요」, 2015년 7월, 필자의 '글쓰기 특강'에 제출된 글.

12) 에릭 슈밋(Eric Schmidt)·제러드 코언(Jared Cohen), 이진원 옮김, 『새로운 디지털 시대』(알키, 2013), 383쪽; 모이제스 나임(Moises Naim), 김병순 옮김, 『권력의 종말: 다른 세상의 시작』(책읽는수요일, 2013/2015), 445쪽; 「Slacktivism」, 『Wikipedia』; 송경화·안수찬, 「9시 뉴스가 보여주지 않는 세상에 접속하다」, 『한겨레』, 2012년 1월 8일.

13) 모이제스 나임(Moises Naim), 김병순 옮김, 『권력의 종말: 다른 세상의 시작』(책읽는수요일, 2013/2015), 445쪽. 강준만, 「혁명은 트윗될 수 있는가, 없는가? slacktivism」, 『재미있는 영어 인문학 이야기 1』(인물과사상사, 2015), 267~271쪽 참고.

14) 조순주, 「공간을 주세요」, 2015년 7월, 필자의 '글쓰기 특강'에 제출된 글.

15) 이태준, 「인터뷰/정동영 열린우리당 의장: 지방선거는 지방권력에 대한 심판이다」, 『월간 인물과 사상』, 2006년 4월, 27~28쪽.

16) 김대호·윤범기, 『결혼불능세대: 투표하고, 연애하고, 결혼하라』(필로소픽, 2012), 275~276쪽.

17) 정대석, 「윤장현의 공유도시 실험…광주 공공건물 전면 개방」, 『중앙일보』, 2015년 2월 3일.

18) Benjamin R. Barber, 『A Passion for Democracy: American Essays』 (Princeton, NJ: Princeton University Press, 1998), p.184.

19) 박철수, 『아파트: 공적 냉소와 사적 정열이 지배하는 사회』(마티, 2013), 256쪽.

20) 크리스토퍼 래시(Christopher Lasch), 이희재 옮김, 『진보의 착각: 당신이 진보라 부르는 것들에 관한 오해와 논쟁의 역사』(휴머니스트, 1991/2014), 743~744쪽.

21) 박은하, 「생활정치로 길 찾는 청년들」 청년, 정치를 알다」, 『경향신문』, 2015년 7월 18일.

22) 정태인, 「차라리 혁명을 준비하렴」, 『한겨레』, 2015년 6월 2일.

23) '개천에서 용 나는' 모델의 문제에 대해선 강준만, 『개천에서 용 나면 안 된다: 갑질 공화국의 비밀』(인물과사상사, 2015) 참고.

24) 노유리, 「젊은이는 나라의 찬밥」, 2015년 7월, 필자의 '글쓰기 특강' 에 제출된 글.

25) 송희영, 「재벌·관료·정치 '三角 편대' 의 동반 몰락」, 『조선일보』, 2015년 8월 8일.

맺는말 "뱀의 지혜와 비둘기의 순진성"으로 전진하자

1) 김종희, 「청년들아, 너희들을 위한 나라는 없다」, 『경향신문』, 2015년 1월 30일; 서의동, 「'한국리셋론'」, 『경향신문』, 2015년 2월 2일.

2) 조기원, 「블룸버그 "한국, 항우울제 필요할지 몰라"」, 『한겨레』, 2015년 7월 18일.

3) 이원재, 「청년고용을 위한 노사정위원회를 열자」, 『한겨레』, 2015년 8월 12일.

4) 장승기, 「윤장현 시장 '기아차 지극 정성' 通하나」, 『광남일보』, 2014년 10월 6일; 최권일·박진표, 「윤장현 광주시장 '자동차 100만 대 생산기지' 전방위 행보」, 『광주일보』, 2014년 10월 13일.

5) 최종석, 「靑年실업 함께 풀자」 現代車, 光州공장 확장 못하는 속사정」, 『조선일보』, 2015년 3월 20일.

6) 김명진, 「청년이 미래다」, 2015년 5월, 필자의 '글쓰기 특강' 에 제출된 글.

7) 김대호·윤범기, 『결혼불능세대: 투표하고, 연애하고, 결혼하라』(필로소픽, 2012), 51쪽.

8) 박영환, 「이동학 새정치 혁신위원 "대안 없으면 반대정당 모습만 보일 수 있다"」, 『경향신문』, 2015년 7월 30일.

9) 허버트 알철(J. Herbert Altschull), 양승목 옮김, 『현대언론사상사: 밀턴에서 맥루한까지』(나남, 1990/1993), 561~562쪽.

10) 우석훈, 『솔로계급의 경제학: 무자식자 전성시대의 새로운 균형을 위하여』(한울아카데미, 2014), 173쪽.

11) 안준용, 「[한국인 500명에게 물었다…世代공감, 새해의 꿈] 취업난 20代의 절절한 바람 "노력한 만큼 보상받는 사회 원한다"」, 『조선일보』, 2015년 1월 5일.

청년이여,
정당으로
쳐들어가라!

© 강준만, 2015

초판 1쇄 2015년 9월 10일 찍음
초판 1쇄 2015년 9월 15일 펴냄

지은이 | 강준만
펴낸이 | 강준우
기획 · 편집 | 박상문, 박지석, 박효주, 김환표
디자인 | 이은혜, 최진영
마케팅 | 이태준, 박상철
인쇄 · 제본 | 대정인쇄공사

펴낸곳 | 인물과사상사
출판등록 | 제17-204호 1998년 3월 11일

주소 | (121-839) 서울시 마포구 서교동 392-4 삼양E&R빌딩 2층
전화 | 02-325-6364
팩스 | 02-474-1413
www.inmul.co.kr | insa@inmul.co.kr

ISBN 978-89-5906-359-8 04300
      978-89-5906-358-1 (세트)

값 12,000원

이 도서의 국립중앙도서관 출판시도서목록(CIP)은 서지정보유통지원시스템 홈페이지
(http://seoji.nl.go.kr)와 국가자료공동목록시스템(http://www.nl.go.kr/kolisnet)에
서 이용하실 수 있습니다. (CIP제어번호: CIP2015024277)